阪急電鉄神戸線

伊丹線、今津線、甲陽線、神戸高速線

1950～1990年代の記録

◎神崎川～十三間　撮影：岩堀春夫

CONTENTS

まえがき	4	夙川	44
カラー写真で見る阪急電鉄神戸線・支線	5	芦屋川	48

神戸線、伊丹線、今津線、甲陽線、神戸高速線

梅田	18	岡本	50
中津	24	御影	52
十三	26	六甲	54
神崎川	28	王子公園	56
園田	30	春日野道	58
塚口	32	神戸三宮	60
武庫之荘	34	花隈	64
西宮北口	36	高速神戸	65
		新開地	66
		稲野、新伊丹	68

■京阪神急行電鉄沿線図

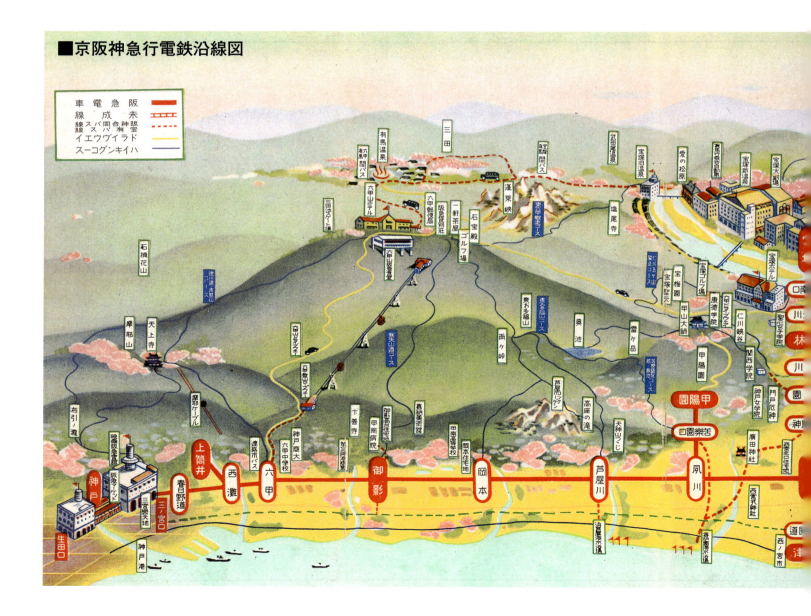

伊丹	70
今津、阪神国道	74
門戸厄神	76
甲東園	78
仁川	80
小林	82
逆瀬川	84
宝塚南口	86
宝塚	88
苦楽園口	92
甲陽園	94

昭和27年(1952)

大正10(1922)年から計38両が製造され、初期の3両は写真のような5枚窓であった。昭和31年まで走り続けた。

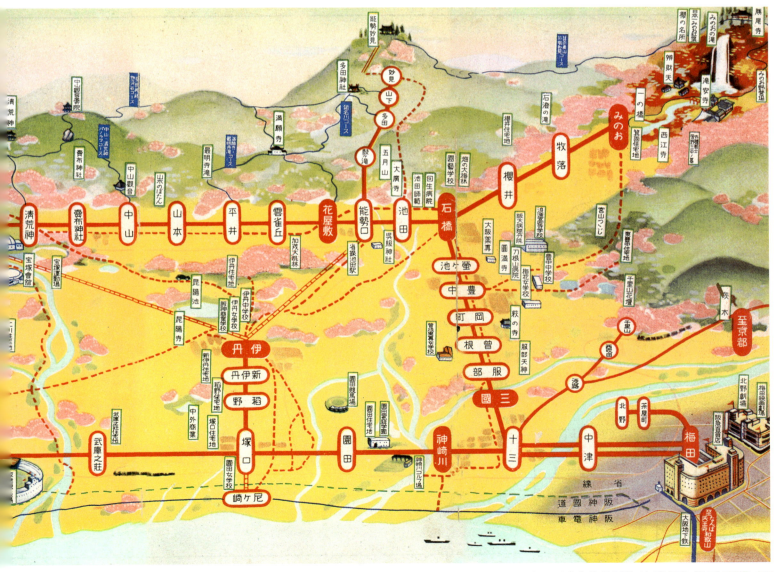

阪急の神戸線・宝塚線の沿線(観光)図であり、京都線(当時は新京阪線)はかなり省略されている。沿線を彩る観光地とともに、阪急の三大拠点(起終点駅)である梅田駅、(神戸)三宮駅、宝塚駅周辺には、デパートや会館、劇場など主要施設が描かれている。一方、省線(国鉄)、阪神の駅などは省略されている。

まえがき

　現在の阪急神戸線は、箕面有馬電気軌道が大正9(1920)年7月に開通させた梅田～神戸(初代、後に上筒井)間の路線にさかのぼる。阪神間を走るこの路線は、国鉄東海道本線や阪神本線と競合しながらも、多くの乗客を運ぶ阪急のドル箱路線となった。阪急はこの区間で、六甲山麓に近い山側を走っていたため、当初の開発は遅れていたが、やがて沿線に多くの住宅地が誕生したことで、約1世紀を経た現在、関西、日本を代表する私鉄路線の一つに発展した。この神戸線には、支線として塚口～伊丹間の伊丹線、宝塚～今津間の今津(旧・西宝)線、夙川～甲陽園間の甲陽線が存在している。

　また、昭和11(1936)年4月、(神戸)三宮駅まで延伸を果たした後、昭和43(1968)年4月、神戸高速鉄道(東西線)が開通したことで、同線の新開地駅と結ばれ、山陽電鉄とも一時、相互乗り入れを行っていた歴史をもつ。

2016年夏　生田 誠

神戸阪急ビル東館(駅ビル、阪急会館)をバックにして、大阪方面に向かう920系(927号)の試運転列車。左手には、国鉄の三ノ宮駅のホームが見える。右手の駅前周辺、地上部分ではまだ工事が続いていた様子がわかる。

カラー写真で見る阪急電鉄神戸線・支線

昭和34年(1959)

神戸線中津駅付近を大阪梅田方面に走る800系普通電車。800系は初期の車輌は貫通扉が着いた車輌であったが、後半の車輌は阪急電車としては珍しい非貫通の電車で登場している。この非貫通車輌は廃車までそのままの姿で活躍した。
撮影：J.WALLY HIGGINS

昭和31年(1956)

十三駅に到着する梅田行き特急810系。すでに貫通幌枠を付けた時代であったが、1000系などが登場する前で2扉特急車として活躍していた頃の姿である。また京都線の710系とほぼ同一設計であったが、こちらは窓枠がニス色であった。
撮影：荻原二郎

昭和64年(1989)

中津駅に入線する5200系梅田行き特急。この時代はまだ方向幕表示車ばかりでの運用ではなく5200系も特急運用に就いていた。そのおかげで初詣看板を取り付けたダブル看板車が活躍していた末期の頃であった。
撮影：岩堀春夫

昭和45年(1970)

園田付近を走る1200系普通電車。1200系は登場時2扉で登場したが、後の改造で3扉化の工事が行われている。この編成でも梅田側の車輌は3扉化された車輌が連結されているのが分かる。
撮影：J.WALLY HIGGINS

伊丹線の分岐駅である塚口を発車する2000系非冷房時代の急行電車。600V時代に登場した車輌で、1500Vに昇圧改造されているため、もともと2個パンタであった車輌が1個パンタになっている。

昭和56年(1981)

撮影：髙橋 弘

西宮北口〜武庫之荘間にある武庫川橋梁を渡る5000系。登場時は非冷房で登場したが、昭和50年代に冷房化改造が施され、その後、前面の方向幕と標識灯の改造工事が施されて6000系に近いスタイルとなった。

撮影：岩堀春夫

平成2年(1990)

カラー写真で見る阪急電鉄神戸線・支線

昭和36年(1961)

西宮北口ホームに到着する今津行きの普通電車500形3連。宝塚線の車両限界拡幅前に登場した500形は細身の車体が特徴であったが、車両限界拡幅後は車体の客室扉部にドアステップを取り付けられホームとの隙間を埋めていた。
撮影：荻原二郎

昭和52年(1977)

西宮北口駅の宝塚方面行き普通電車運用に就く3000系非冷房車時代。ホームはこの当時改良工事中で、仮ホーム時代で屋根も短く、西宮北口駅クロッシング末期時代とは違い架線柱も仮設の物が使用されていた。
撮影：岩堀春夫

昭和56年(1981)

梅田〜三宮間の中間地点にある西宮北口駅は、神戸線の車輌基地であった西宮車庫が駅の東北側にある。現在は留置と検査が出来る車庫として神戸線等の電車の検査などを行っているが、その昔は工場も併設された大きな車庫であった。
撮影：高橋弘

昭和56年(1981)

西宮北口の今津線との平面交差が撤去されるまでの三宮行きホームの最東端部。この当時は神戸行きのホームは今津線の東側にホームがあり、最大8輌の電車のホームがあった。今津線より東側に長細いホームがあったのが平面交差時代の象徴であった。
撮影：高橋弘

昭和57年(1982)

夙川〜芦屋川間を走る須磨浦公園行き特急の6000系。神戸高速鉄道から山陽電車線の須磨浦公園までの乗り入れ電車は、山陽電車線内のホーム延長の関係で6連車のみの運転となっていた。
撮影：岩堀春夫

夙川〜芦屋川間をはしる5200系普通電車。このあたりは住宅地を走る区間で、少しであったが桜並木が楽しめるところであった。また5200系のこの頃は8連での運用に就くようになっており4＋4の8連で活躍していた。

神戸線の支線である甲陽線で活躍していた頃の810系。810系は19m級で登場した車輌でこの当時はまだ甲陽線のホーム延長の関係で、2輌編成で使用されていた。またヘッドライトもシールドビーム2灯化されているがケーシングはそのままであった。

撮影：岩堀春夫

夙川〜芦屋川間を走る5000系普通電車。電車は神戸方面に向かう。5000系は、登場時は非冷房であったがこの当時はすでに冷房化改造が行われていたが、前面の表示幕工事などが行われていないすっきりとした時代であった。

撮影：岩堀春夫

夙川～芦屋川間を走る800系と900系などの編成。800系は製造末期に登場した非貫通車輌である。また、中間には900系が3輌ベンチレーターの違いから連結されているのが分かる。

芦屋川～岡本間を走る特急運用に就く5200系。神戸線で初めて登場した冷房装置を装備した車輌で、試作的要素が強かった。そのため屋根の冷房を送る風洞を設置するために中央部が一段高いのが特徴であった。

御影～岡本間を走る2250系梅田行き特急車。5100系後に登場した新世代の神戸線の車輌として1編成のみ製造された。量産形式は6000系となったが、阪神・淡路大震災までは2250系として活躍した。

春日野道〜西灘間を走る2000系特急電車（高速神戸〜梅田）。2000系はオートカーとして、神戸線の2000系、宝塚線の2100系、京都線の2300系という3形式が登場。昭和50年代には冷房化改造されて活躍した。

撮影：岩堀春夫

カラー写真で見る阪急電鉄神戸線・支線

御影〜岡本間を走る2000系普通電車。2000系の冷房改造は5000系などより新しく、既に2250系が登場した後である。冷房装置は5000系の4個積みから3個積みの変更されている。

撮影：岩堀春夫

三宮駅を国鉄ホームから見た風景。この当時はまだ3000系の冷房改造が進んでいた頃で、まだ非冷房車の3000系も見ることが出来た。また、細かく見える白い物は神戸地方では珍しい雪が降っている光景である。

撮影：高橋 弘

山陽電車の須磨浦公園駅近くを走る3000系臨時特急車。阪急の山陽電車乗り入れは平成の時代まで続けられたが、現在は神戸高速線新開地で折り返し運転となっている。逆に山陽の電車は阪急の神戸三宮駅までの乗り入れとなっている。

撮影：J.WALLY HIGGINS

撮影:岩堀春夫

塚口駅から分岐している支線の伊丹線稲野～新伊丹間を走る1010系普通電車。すでに1010系の活躍も末期の頃で、冷房改造された当時は神戸線、今津線などで活躍していた。末期は4連になり伊丹線など支線で活躍した。

撮影:高橋 弘

伊丹線の新伊丹駅に到着する非冷房時代の1100系トップナンバー車。阪急電車の場合、車輌番号は0から始まるために、トップナンバーがそのまま形式となる事が多かった。

撮影:岩堀春夫

逆瀬川～小林間を走る5200系普通電車。すでに西宮北口駅の今津線南北分断化後であり、宝塚～西宮北口間の行き先看板を掲げている。今津線は南北に走る路線で、全線に渡ってほぼ直線区間が多かったが、逆瀬川付近では桜を見ながら走る区間もあった。

今津線の門戸厄神駅に停車する300形3連の普通電車。300形の製造時は金属製の電車の製造が始まった頃で、車体は金属、屋根は木造で製造されている。その技術を使って後に全金属製の600系の製造が行われた。

撮影:荻原二郎

カラー写真で見る阪急電鉄神戸線・支線

平成元年(1989)

今津線逆瀬川駅〜小林駅間を走る5200系普通電車。すでに西宮北口駅の今津線南北分断化後で、宝塚-西宮北口間の行き先看板を掲げている。今津線は南北に走る路線で、全線渡りほぼ直線の所が多かったが、逆瀬川付近では桜を見ながら走る区間もあった。

撮影:岩堀春夫

昭和52年(1977)

宝塚線と今津線との接続駅となる地上駅時代の宝塚駅ホーム。停車している電車は3000系と3100系で、どちらも非冷房時代。宝塚線の3100系は急行電車、今津線の3000系は西宮北口駅での折り返し電車と掲示されている。

撮影:岩堀春夫

昭和53年(1978)

苦楽園口駅付近を走る810系普通電車。昭和40年代後半に入ると、2扉から3扉に810系の改造が行われ、戦後すぐに製造された電車とは思えないくらいに整備が行われた。

撮影:岩堀春夫

甲陽線の苦楽園口～夙川間を走る810系2連の普通電車。610系が阪急電車で活躍していた頃は3連で運転されていた甲陽線であったが、昭和50年代前半には810系の2連での運転が行われていた。その後920系などの3連での運転も行われた。
撮影：岩堀春夫

夙川から分岐している甲陽線で活躍する2000系普通電車。夙川～苦楽園口間の直線区間を走る2000系の東側には、桜の名所として有名な夙川が流れている。2000系も末期の頃には支線運用が増え、甲陽線では3連で使用されていた。
撮影：岩堀春夫

甲陽園～苦楽園口間を走る800系3連の普通電車。800系は先頭車しかなかったために中間車には920系の先頭車を中間車改造した車輌を入れて3連で使用されていた。甲陽線では800系と920系が共通使用されていた。
撮影：岩堀春夫

カラー写真で見る阪急電鉄神戸線・支線

昭和63年(1988)

夙川〜苦楽園口間を走る2000系3連の普通電車。甲陽線では920系や800系など18m級3連の電車が活躍したのち1200系など19m級3連の電車が入線できるようになった。その後は2000系、現在は6000系が活躍している。

撮影：岩堀春夫

昭和53年(1978)

甲陽園〜苦楽園口間を走る810系。3扉改造された後、昭和50年代に入るとヘッドライトケーシングも変更され、箱形のケースにシールドビーム2灯化工事が行われた。夙川を渡るあたりは桜の名所として有名などころである。

撮影：岩堀春夫

昭和時代の時刻表

昭和期に入ると現在の阪急に近い路線網が構築され、京都、大阪、神戸を結ぶ会社の体裁が整った。戦時下では運転間隔を広げざるを得ない時期もあったが、昭和30年代に入ると都市部らしい高頻度運転での旅客輸送が図られた。

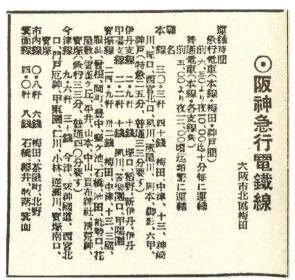

昭和10（1935）年当時の時刻表
神戸線全通前年の昭和10年。普通電車の運行予定が「夜12時頃まで頻繁に運転」と、おおらかに表現されている。梅田～神戸間の特急所要時間が25分であり、現在と遜色ない。

昭和19（1944）年当時の時刻表
太平洋戦争下の時刻表。本線系の路線には急行と普通2種類の列車が運転されていた。急行の運転時間は午後9時迄に短縮されたものの、普通は深夜0時を超えて運転する路線もあった。

昭和31（1956）年当時の時刻表
高度経済成長期に入りつつあった時期の時刻表で、神戸線の列車は特急と普通に二分されている。車庫のある西宮北口止まりの終電が、上下列車ともに設定されていた。

昭和39（1964）年当時の時刻表
東京オリンピック開催の年。神戸線での特急運転は10～13分間隔、昭和31年当時よりも若干短くなった。逆に普通の運転間隔は長くなり、2つの列車種別がほぼ同等の運転頻度になった。

阪急電鉄
神戸線、伊丹線、今津線
甲陽線、神戸高速線

撮影:岩堀春夫

西宮北口駅の今津行きホームに到着する610系。この当時はまだ今津線南北分断化前で、複線のホームで西宮北口駅の今津線ホームがあった。610系は15m級の車輌で、支線の乗降客数には適した電車であった。

うめだ

梅田

梅田：開業年▶明治43（1910）年3月10日　　所在地▶大阪市北区芝田１－１－２　　ホーム▶10面９線（高架駅）　　乗降人数▶533,483人　　キロ程▶0.0km（梅田起点）

関西最大級の私鉄ターミナル・梅田駅は10面９線の高架駅
箕面有馬電気軌道時代の明治43年10月に梅田駅は開業した

　大阪・キタのターミナルである梅田には、JR、阪神、阪急、大阪市営地下鉄などの鉄道路線が集まっている。そのなかで、阪急の梅田駅は、箕面有馬電気軌道時代の明治43（1910）年3月の開業と後発ながら、現在では高架駅としては特筆すべき大きな規模の頭端式10面9線のホームを有する巨大駅となっている。駅ホームはJR大阪駅の北東に位置し、駅ビルである阪急ターミナルビルの3階にあり、上層部にはオフィスなどが入っている。

　神戸線はこの梅田駅の最も西側7〜9号線（阪急ではホーム番線を「◎号線」と呼ぶ）を使用している。7号線からは普通電車、8・9号線からは特急電車などが発着している。この梅田駅から十三駅までの区間は、3複線となっており、神戸線、宝塚線、京都線の列車が同時に走行することが可能である。

　箕面有馬電気軌道が梅田〜宝塚間、石橋〜箕面間で開業したときの梅田駅は、1面1線の小さな駅だった。大正3（1914）年に2面2線の構造となり、大正9年には3面3線のホームに変わった。また、駅ビルとして5階建て、白木屋をテナントとする日本初のターミナルデパートが誕生した。大正14年にはホームが高架線上に移り、5面4線の構造となった。

　昭和4（1929）年4月、地上8階、地下2階建ての梅田阪急ビルが誕生する。ここには阪急百貨店が入った。その後、国鉄大阪駅の高架化で阪急の梅田駅は地上駅に戻り、7面8線のホームとなった。戦後、京都線の乗り入れや宝塚線の複々線化などのため、ホームの増設が行われた。昭和40年代には、移転に伴う高架化工事が実施され、昭和48年に現在の形となっている。

昭和30年（1955）

阪急の大阪の玄関口、梅田駅に停車する神戸線の特急電車。この当時は現在の阪急百貨店の本館1階部分に駅舎とホームがあり、ホームには大円形のドーム型屋根がかけられていた。櫛形のホームは、現在の梅田駅にも採用されている形状である。

撮影：高橋弘

神戸線 ▶ 梅田

昭和44年(1969)

旧梅田駅時代の宝塚線ホームの先端部分。旧梅田駅は現在の阪急百貨店の1階部分にあり、突き当たり型のホームとなっていた。また京都線と神戸線の乗り場もこの時点では分離されており、行先表示器は各線と行き先と種別を表示できる電光掲示板が設置されていた。
撮影：岩堀春夫

昭和48年(1973)

新しい梅田駅になってからの乗降案内用の電光掲示板。神戸線では日中時間帯は普通と特急の運転で7号線からは普通列車が、8号線と9号線からは行き先違いの特急電車が発車していた。現在では運転されていない須磨浦公園行きの特急が懐かしい。
撮影：岩堀春夫

昭和48年(1973)

新しい梅田駅（現在の阪急梅田駅）になってからの神戸線ホーム。国鉄の南側にあった旧梅田駅が北側に移動され、ホームと広くなった。また旧ホーム時代からの櫛形が、新ホームでも採用されている。
撮影：岩堀春夫

昭和56年(1981)

梅田駅9号線に到着した神戸線特急。乗務員が行き先板を変更しているのがわかる。この写真は現在もあるホーム中2階にある喫茶店からの撮影で、京都線側にも同じような喫茶店があり、電車を見ながらコーヒーが飲める人気スポットとなっている。
撮影：岩堀春夫

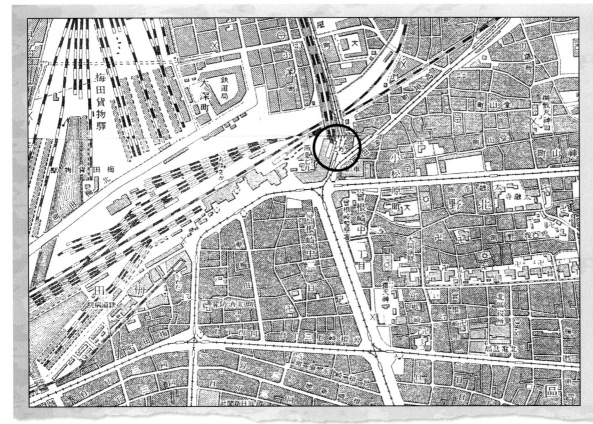

昭和7年(1932)

梅田周辺

この時代の阪急梅田駅は、国鉄大阪駅の南東側に存在し、高架線となって国鉄線を渡っていた。一方、阪神の梅田駅は、大阪駅南西の地上に置かれていた。また、大阪駅の北側には、大阪鉄道管理局（現・JR西日本本社）があり、梅田貨物駅のヤードが広がり、現在とは大きく様相が異なっているこれらの駅の南側には、大阪市電の路線が張り巡らされている。阪急の梅田駅と曾根崎警察署に挟まれて、市電の梅田車庫もあったが、大正12年に廃止されている。この跡地は現在、大阪富国生命ビルになっている。

昭和21年(1946)

交差点を挟んで、ライバル同士が対峙していた頃の阪急・梅田駅（手前）と阪神・梅田駅（右上）。三方をビルに挟まれて北に延びる、阪急・梅田駅の大きさはこの頃、既に際立っていた。上（南）に延びる御堂筋は整然としている一方で、この頃の大阪駅前は、まだ再開発が進んでいなかった。

神戸線ホームとは両端の位置関係にある京都線ホーム。停車する電車は河原町行き急行。京都線の特急はこの当時クイーンであった6300系が活躍していた。阪急梅田駅は各路線が3本の線路が櫛形に配置され1号線から9号線までの9本の線路が配置されている。

梅田駅の宝塚線と京都線付近の電光掲示板。路線図は各路線別で表示されており神戸線には神戸本線のほか支線である伊丹線、今津線、夙川線も描かれているのがわかる。またこの当時はまだLED表示器になる前で幕式の表示器となっている。

阪急グランドビルからの俯瞰。神戸線と宝塚線の間にある煙突が駅近くのポイントとなっている。電車は駅を発車すると左に曲がり中津駅に到着、そこから右に曲がり新淀川を渡り十三駅に向かう。

巨大な国鉄大阪駅を中央にして、東側に阪急の梅田駅がある一方、この頃はまだ西側に水上、陸上輸送をつなぐ広い水路、荷上場があった。国鉄線路の南側には、国鉄の大阪駅とともに大阪中央郵便局のビルが建っている。大阪駅の北側に見える建物は、国鉄の大阪鉄道管理局である。

昭和30年(1955)

提供：朝日新聞社

なかつ
中津

中津：開業年▶大正14（1925）年11月4日　所在地▶大阪市北区中津３－１－30　ホーム▶２面４線（高架駅）　乗降人数▶10,924人　キロ程▶0.9km（梅田起点）

神戸線のほか宝塚線の電車が停車。地下鉄の御堂筋線にも中津駅
梅田～十三間は３複線、京都線を含めた３線の電車並走も

　中津駅が置かれている梅田～十三間は上下ともに３複線であり、神戸線、宝塚線、京都線の３路線の列車が走行している。しかし、この中津駅には神戸線、宝塚線の普通電車は停車するものの、京都線のホームは存在せず、京都線の電車はすべてが通過する形になっている。神戸線では特急、急行、準急などの優等列車はすべて通過する。

　この中津駅が開業したのは、既に宝塚線、神戸線が開通した後、梅田～十三間の高架工事が行われた、大正14（1925）年の11月である。これ以前に阪神北大阪線の中津駅が置かれていたが、こちらは昭和50（1975）年５月に廃止された。

　一方、長らく梅田駅が起終点だった大阪市営地下鉄の御堂筋線は、昭和39年９月に新大阪駅まで延伸し、中津駅が設置された。地下鉄の中津駅は、阪急の駅から約300メートル離れた北東に位置しているため、乗り換えには隣りの梅田駅を利用する人がほとんどである。

　阪急の中津駅は当初から高架駅として建設され、島式ホーム２面４線を有している。ホームのすぐ南側を同じく高架の国道176号（十三筋）が通り、並走しながら新淀川を渡る形となる。駅の東側の高架下には、JRの梅田貨物線が南北に通っている。

昭和49年（1974）

阪急中津駅横を走っていた阪神電鉄北大阪線の車輌。中津駅では乗り換えも便利で多くの乗客が阪急電車から阪神電車に乗り換えていた。またトラス橋の下には国鉄の梅田貨物線が走っており、道路橋まで含んですべてトラス橋となっていたのが当時の光景であった。
撮影：岩堀春夫

昭和49年(1974)

神戸線 ▶ 中津

中津駅に到着する神戸線の普通電車。先頭は戦後製造された神戸線のクイーン800系である。800系は複電圧仕様で登場した車輌で京都線に乗り入れていた事もある。なお800系には中間車が製造されなかったので920系などと組まれて運転されていた。

阪神北大阪線が廃止された後の中津駅前の風景。国道線の電車がなくなったと同時に線路が撤去されその跡地には道路が整備された。そのため道路橋にあったトラス橋も道路拡幅のため撤去され、トラス橋は阪急電車のみとなった。

撮影：岩堀春夫

平成元年(1989)

昭和27年(1952)

神戸線の中津駅付近を走る大阪行き600系。この当時は600系も非貫通で登場時の姿を残している時期でもあった。また行き先板も梅田とか三宮とか駅名での表記ではなく、大阪・神戸と都市間を結ぶイメージを持った行き先板であった。

撮影：高橋弘

撮影：岩堀春夫

昭和7年（1932）

中津周辺

中津駅の東側に北野駅が記されているが、この当時は北野線がまだ運転されていた。同線は大正15(1926)年から昭和24(1949)年まで存続した。北野線の始発駅の梅田は現在の阪急百貨店の近くにあり、途中に茶屋町駅が綱敷天神社付近にあった。当時の中津駅の周辺には中津警察署が置かれていたほか、工場が点在していたことがわかる。駅の南西には電球会社、発動機会社が見え、南東には機械製作所がある。駅の北側には、大阪市立中津小学校が存在したが、昭和62年に北側の現在地に移転し、その跡地は大阪市立北スポーツセンターに変わっている。

じゅうそう
十三

十三：開業年▶明治43（1910）年3月10日　　所在地▶大阪市淀川区十三東2-12-1　　ホーム▶4面6線（地上駅）　　乗降人数▶72,916人　　キロ程▶2.4km（梅田起点）

梅田駅と同じ明治43年3月、箕面有馬電気軌道の開業時に設置
神戸線、宝塚線、京都線が分岐する扇の要の駅、全列車が停車

　新淀川の川岸の北側に位置し、阪急の神戸線、宝塚線、京都線という主要3線が分岐する、扇の要のような役割を果たしているのがこの十三駅である。3線の乗り換えは、起終点の梅田駅でも可能だが、こちらの十三駅で行う乗客も多い。現在の十三駅は4面6線のホームをもつ地上駅で、真ん中の2面は島式ホームとなっている。1・2号線は神戸線、3・4号線は宝塚線、5・6号線は京都線が使用して、神戸線、宝塚線、京都線の全列車が停車する。

　十三駅の開業は、箕面有馬電気軌道時代の明治43（1910）年3月である。大正9（1920）年7月、神戸線の十三〜神戸（後に廃止）間が開業して、分岐点となった。大正10年4月、北大阪電気鉄道（後に新京阪鉄道が買収）の十三〜豊津間が開業し、この部分は後に京都線、千里線に変わった。大正15年7月、梅田〜十三間が高架・複々線化されている。

　この十三駅周辺には、大阪の下町らしい雰囲気が漂う場所がところどころに存在する。それを、この町を愛した俳優、歌手の藤田まことが歌い、関西でヒットした「十三の夜」という曲が存在する。神戸・宝塚・京都線の駅を織り込んで、十三で働く女性を歌った歌詞は、藤田自身の手によるもので、作曲も自ら行った。その中には、神崎川に架かる「毛斯倫（モスリン）大橋」も登場するが、初代の橋は大正時代に繊維会社（毛斯倫紡績）が架けた私設橋だった。

昭和48年（1973）　阪急の神戸線・宝塚線・京都線の分岐駅の十三駅を神戸方面に発車する800系。駅の線形は、扇型になっているが、神戸線はほぼ直線で神戸方面に分岐していた。800系も昭和40年代の更新工事でシールドビーム改造が行われた。

撮影：岩堀春夫

昭和48年(1973)

十三駅に到着する神戸線梅田方面に向かう1100系普通電車。この頃の行き先板には、到着駅とともに大阪・神戸と小さく表記されていたのが特徴であった。1100系は宝塚線に投入された車輌であったが、1010系とともに神戸線でも活躍した。

撮影:岩堀春夫

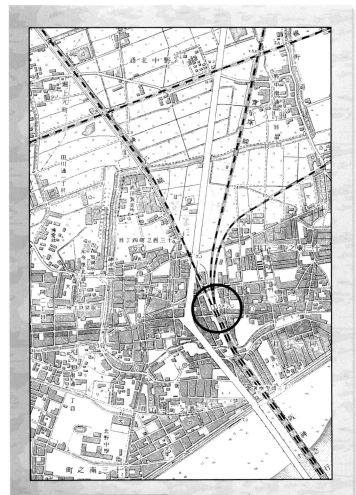

昭和7年(1932) 十三周辺

　国鉄や阪神とは異なり、阪急の神戸線は梅田(大阪)駅の北にある十三駅を経由して、三宮(神戸)方面に向かうため、他社線より北側を走ることになる。この当時の十三駅は、宝塚線とともに新京阪線(現・阪急京都線)との連絡駅となっていた。駅の北東には武田製薬所(現・武田薬品工業大阪工場)、芦森製鋼所、博愛社があり、付近の「文」の地図記号は、現在の大阪市立神津小学校である。この「神津」という名称(地名)は、神崎川と中津川に挟まれた地域の村が合併してできた神津村に由来し、神津町となった後、大正14年に大阪市に編入されている。また、駅の南西にはこの地に移転してきた、府立北野中学(現・北野高校)が見える。

昭和35年(1960)

神戸線・宝塚線・京都線 ▼十三

手前には、阪急線の要である十三駅のホームが見える。その右側には、多くの自動車が走る十三筋(国道176号)が走り、奥を流れる新淀川を渡ってゆく。駅付近には、ほとんどビルの姿はなかった頃の空撮である。

提供:朝日新聞社

かんざきがわ
神崎川

神崎川：開業年 ▶ 大正9（1920）年7月16日　　所在地 ▶ 大阪市淀川区新高6-14-16　　ホーム ▶ 2面2線（地上駅）　　乗降人数 ▶ 19,195人　　キロ程 ▶ 4.1km（梅田起点）

淀川水系の一級河川、神崎川の東側、大阪市東淀川区に位置
大正9年7月に開業。旧国鉄の神崎駅は、現JRの尼崎駅

　神崎川は現在、淀川水系の一級河川だが、古くは淀川とは別の水系の川であった。また、地名としての「神崎」も広く日本中に知られた場所であった。

　鉄道駅の「神崎」も、現在では知る人も少ないが、明治7（1874）年から昭和24（1949）年までは東海道線の尼崎駅がこの「神崎」を名乗っていた。神崎川の河口部の神崎は歴史的に見ても、古代から中世にかけて大いに栄えた港町で、遊女がいる歓楽地としても有名だった。しかし、現在では「神崎」の地名は兵庫県尼崎市の大字として残るだけで、駅名として存在するのは、大阪府東淀川区に置かれている、この神崎川駅だけである。

　神崎川駅の開業は大正9（1920）年7月で、現在の駅は相対式ホーム2面2線を有する地上駅となっている。神崎川を渡ると神戸線は豊中市に入る。しかし、市内に駅がないため、あまりその実感がない。

　駅の北西には、神崎川に架かる神崎川橋梁があり、駅との間には防潮扉が設置されている。この防潮扉が使用される時には、梅田〜園田間の区間が運休となる。また、駅の東側には、開業以来の歴史ある赤煉瓦の建築物として親しまれてきた、阪急の神崎川変電所があった。この建物は平成17（2005）年5月に解体・撤去されている。

平成元年（1989） 神崎川駅を発車する5000系三宮駅普通電車。駅そばにはすぐに神崎川が流れている。5000系も当時方向幕改造が施された頃で、5000系後に登場した6000系と同様に前面窓上に方向幕が、窓下には標識灯が設置されている。レンガ造りの変電所は後に解体された。

撮影：岩堀春夫

神戸線▶神崎川

平成元年(1989)

2000系から続いてきた車体スタイルを一新した8000系。前面は額縁顔をなり前面窓は大型化されている。また登場時には窓下には飾りのステンレスのかざりが取り付けられていた。また肩にクリーム色の彩色も施されたのが8000系の特徴であった。

平成元年(1989)

撮影：岩堀春夫

神崎川橋梁を渡る3000系。阪急神戸線の横には道路橋がある前に神戸線でもかっこうな撮影スポットとなっているのが神崎川橋梁である。3000系この当時すでに冷房改造が施され、また前面の方向幕設置標識灯の移設も完了した姿である。

昭和49年(1974)

撮影：岩堀春夫

国鉄線を越す神戸線を走る300系。国鉄線は宮原機関区など（当時）に入るための北方貨物線で営業列車が走る路線ではなかった。上側には山陽新幹線の高架があり、阪急電車と新幹線の共演は見ることは可能である。

昭和49年(1974)

撮影：岩堀春夫

十三駅と神崎川駅間の新幹線との立体交差部を走る梅田方面行きの1010系普通電車。当時はまだ冷房改造を施される前で1010系独特の肩カーブにあるベンチレーションルーバーが残っていた。このルーバーは1010系から採用された車体形状であった。

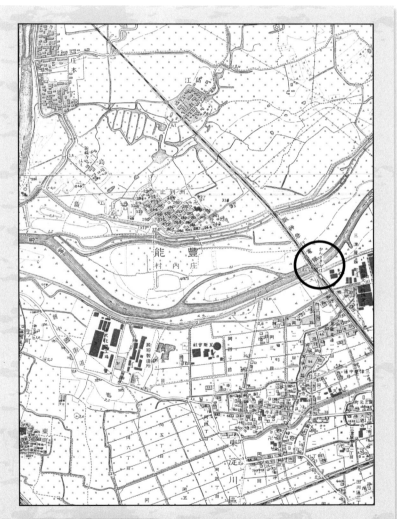

昭和4年(1929) 神崎川周辺

　地図の右上（北東）に見える神崎川駅のすぐ北側には、駅名の由来となった神崎川が流れ、南岸には瓦斯会社、澱粉製造所、藤沢化学工場などの工場が集まっている。現在、このあたりには大阪ガス人材開発センターが置かれている。また、この工場群の南側には旧中国街道が走り、現在は大阪府道41号（十三筋）が整備されて通っている。この当時、地図の北側は豊能郡庄内村であった。この村は昭和14年に庄内町となり、昭和30年に豊中市に編入された。この地図に見える付近には神崎川公園、つるやゴルフセンター神崎川などができている。地図の南側、三津屋地区には光専寺、蓮正寺の寺院が存在している。

そのだ
園田

園田：開業年▶昭和11（1936）年10月5日　所在地▶兵庫県尼崎市東園田町9-48-1　ホーム▶3面4線（高架駅）　乗降人数▶36,920人　キロ程▶7.2km（梅田起点）

関西の地方競馬、園田競馬場の臨時駅からスタートした園田駅 かつては川辺郡の園田村。昭和22年に尼崎市に編入された

関西では「園田」といえば、地方競馬の「園田競馬」が開催されることで有名である。この園田競馬場は昭和5（1930）年に開場し、太平洋戦争前後は開催されない時期もあったが、80年以上にわたる長い歴史を誇っている。園田競馬場は、阪急神戸線の園田駅から約1.5キロメートル離れた北に位置している。

阪急の園田駅は、この園田競馬の開催開始と時を同じくして臨時駅としてスタートし、昭和11年10月に正式な駅となった。そのため、競馬開催時に使用される臨時ホームが設けられ、現在とほぼ同様の構造だった。当初は地上駅であったが、県道との立体交差化を行うために駅の高架工事が実施され、昭和55（1980）年に高架駅となった。駅の構造は島式ホーム2面4線のほか、競馬開催時などに使われてきた単式ホーム1面を有しているが、近年は花壇を残して用途がなくなっている。

この園田駅周辺はもともとは川辺郡園田村であり、昭和22年3月に尼崎市に編入されて、その一部となった。しかし、この園田村の中心地は、藻川の西側の園田中学校付近で、旧園田村役場もこのあたりに置かれていた。この付近には現在、山陽新幹線、JR福知山線に挟まれる形で、県道41号が通っている。

昭和28年（1953）　十三駅と西宮北口駅の中間地点に位置する地上時代の園田駅大阪側。900系の4連の特急電車が園田駅を通過していく。当時は920系と900系との組み合わせた3連の運行も行われていることが多く、900系シリーズは神戸線の顔であった。

撮影：高橋弘

撮影：岩堀春夫

昭和49年(1974)

地上駅時代の園田駅改札風景。当時はまだ自動改札化される前で金属製の有人ラッチが設置されていた。普通ならラッチ自体は均一な大きさであるが、園田駅のラッチは一部人が入れないほど細いラッチがあるのが特徴であった。

撮影：岩堀春夫

昭和49年(1974)

高架工事が始まった頃の園田駅。十三駅と西宮北口駅の丁度中間地点あたりに位置する園田駅は地上駅時代から追い抜きが出来る駅として存在していた。高架工事は昭和40年代の後半から開始され50年代には完成している。

撮影：岩堀春夫

昭和51年(1976)

園田駅の大阪行き線路が高架化された当時の光景。駅自体は元の位置に建築されるように高架工事が行われた。高架化の最初は大阪行きの追い抜き線路から完成しており、写真はその工事が完成した当時に神戸行きの電車を撮影したものである。

撮影：岩堀春夫

昭和51年(1976)

園田駅の高架化工事中の大阪行き神戸側を見た風景。また高架線に切り替わった当時で元の線路にはまだ線路が残っている。電車は非冷房時代の3000系梅田行き普通電車で、冷房化される前のすっきりとしたスタイルが特徴であった。

神戸線▼園田

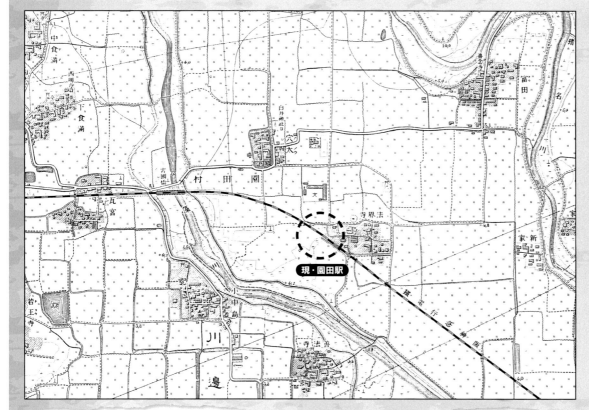

昭和4年(1929)

園田周辺

田園地帯を通る阪急神戸線には、まだ駅の姿はなく、沿線にも目立った建物は見えない。園田駅は当初、地図外の北方にある園田競馬場のレース開催時の臨時駅として始まり、昭和11年に正式な駅となった歴史がある。地図の右(東)側には猪名川、左(西)側には藻川の流れがあり、両者は地図外の南東で一緒になり、さらに神崎川と合流して大阪湾に注ぐ。藻川には宮園橋が見えるが、現在は下流に園田橋、東園田橋が架かっている。その後、このあたりは住宅地に変わり、名神高速道路が豊中インターチェンジから延びてきている。

つかぐち

塚口

塚口：開業年▶大正9（1920）年7月16日　所在地▶兵庫県尼崎市塚口本町1-1　ホーム▶2面3線（地上駅）　乗降人数▶52,750人　キロ程▶10.2km（梅田起点）

阪急の塚口駅は大正9年7月の開業。神戸線・伊丹線の分岐点
JR福知山線にも同名の塚口駅。こちらは川辺馬車鉄道の駅に由来

　十三駅で京都線、宝塚線と分かれた神戸線から、最初の支線である伊丹線が分岐するのが塚口駅である。この駅の南東には、JRの塚口駅がある。JRの塚口駅は明治24（1891）年9月に川辺馬車鉄道の駅として開業し、摂津鉄道、阪鶴鉄道を経て国鉄の駅となったが、東海道線ではなく、福知山線にあることで、両駅の置かれた位置がわかる。

　阪急の塚口駅は大正9（1920）年7月に神戸線、伊丹線が開業し、両線の分岐点となった。駅の構造は単式ホーム1面1線（1号線）、島式ホーム1面2線（2・3号線）を有する地上駅で、神戸線は1・2号線、伊丹線は3号線を使用している。

　「塚口」の地名・駅名の由来は、付近に池田山古墳をはじめとする塚口古墳群の存在による。中世には浄土真宗興正寺別院、塚口御坊を中心とする寺内町が形成され、一向一揆の拠点となっていた。江戸時代には尼崎藩領となり、塚口村を経て明治22年には立花村の一部となって、昭和17（1942）年に尼崎市に編入されている。

　この駅の南北口には、それぞれバスターミナルが存在し、南口には阪急バス、阪神バスが発着しているが、北口にはJR・阪急伊丹駅などから、伊丹市営バスが乗り入れている。

昭和49年（1974）

塚口駅北側駅舎。現在は南側の駅舎のほうが大きいが、開業当時の南側は農地が広がっているだけだった。神戸線の駅舎は京都線の駅舎から比べるとおとなしめのスタイルで、これといって特徴がある駅舎は少なかった。駅舎はまだ古い姿をしているがラッチはすでに自動改札化されてからの姿である。

撮影：岩堀春夫

神戸線・伊丹線 ▼塚口

昭和47年(1972)

塚口駅を通過する5100系須磨浦公園行き特急。5100系は神戸線・宝塚線の通勤車として5200系に続いて冷房装置を搭載した車輌で京都線の5300系とともに従来の非冷房で登場した車輌より屋根が高くなっていた。西宮球場で阪急ブレーブスの試合がある日は、ヘッドマークが付けられた。

昭和47年(1972)

伊丹線を行く610系。伊丹線内を折り返し運転する運用で、塚口～伊丹間を記した行先表示板を掲げている。伊丹線は昭和53年に、それまでの軌道法に基づく軌道法扱いの路線から、鉄道法に基づく路線に変更された。

昭和48年(1973)

塚口駅の伊丹線ホームに停車する610系普通電車。伊丹線は塚口駅から伊丹駅までの区間を走る神戸線の支線で神戸線の大阪行きホームの北側から発車していた。610系は宝塚線の近代化に登場した車輌で末期には支線で使われていた。

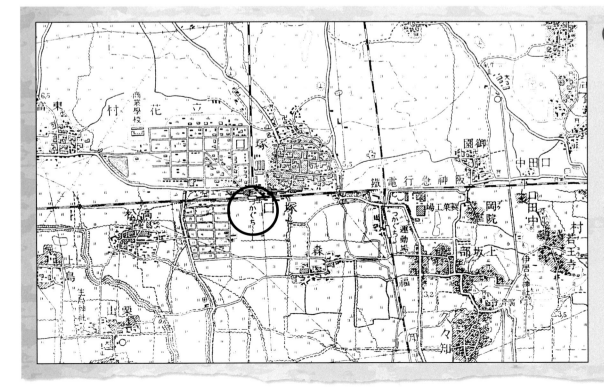

昭和4年(1929)

塚口周辺

地図の中央左(西)には、神戸線と伊丹線の分岐点となっている阪急の塚口駅、右(東)には国鉄福知山線の塚口駅が並んでいる。この両駅の間には現在、兵庫県道13号が南北に走り、阪急の塚口駅の西側には県道142号が同じく南北に貫いている。この当時、塚口の大きな集落は阪急駅の周囲に広がっていた。地図上に見える川辺郡立花村は、大正6年に一部が尼崎町と合併して尼崎市となった後、残りの部分も昭和17年に尼崎市に編入された。阪急の駅の北西にある商業学校は、現在の県立尼崎北高校の前身、私立中外商業学校である。

むこのそう
武庫之荘

武庫之荘：開業年▶昭和12（1937）年10月20日　所在地▶兵庫県尼崎市武庫之荘1－1－1　ホーム▶2面2線（地上駅）　乗降人数▶53,797人　キロ程▶12.3km（梅田起点）

武庫之荘駅は、昭和12年に塚口〜西宮北口間に新設された
阪神本線には明治38年開業の武庫川駅、武庫川線も存在

　阪急神戸線には夙川駅、芦屋川駅という阪神間の代表的河川の名を採用した駅がある。この武庫之荘駅も、そうした河川のひとつであり、武庫川に近い場所にある。昭和12（1937）年10月の新駅開設時に、現在の駅名である「武庫之荘」が採用された。一方、かなり下流にあたる阪神本線には、明治38（1905）年4月に開業した武庫川駅とともに、支線の武庫川線がある。この武庫之荘駅の南東には、JR東海道線の立花駅があるが、1キロメートル以上離れており、乗り換えには適さない。

　武庫之荘駅が開業した頃は武庫郡武庫村にあり、昭和17年に尼崎市に編入された。編入前には鳴尾村、瓦木村などと合併して、武庫川市を誕生させようとする運動もあったが、実現しなかった。

　武庫之荘駅の構造は、相対式ホーム2面2線を有する地上駅で、南北に駅舎が存在し、地下自由通路が設けられている。特急、急行、準急などは通過し、通勤急行と普通が停車する。この駅は沿線の住宅開発を進めていた阪急が、総面積6万坪におよぶ大規模な住宅地を売り出すために設置したとされている。当時は、阪神間モダニズムの文化が花開いた時期であり、その面影を残すモダンな住宅も残されている。

昭和47年（1972）

武庫之荘〜西宮北口間にある武庫川橋梁を渡る非冷房時代の1010系。写真当時は旧橋梁時代で神戸線の撮影スポットとして人気を博したが、現在は橋梁が掛け替えられ、昔の面影はなくなっている。

撮影：岩堀春夫

武庫之荘駅の北側駅舎は平屋建てで、当時すでに自動改札化が完了している。自動改札機の上側には通行の可否を示す○印・×印の表示器が設置されている。

武庫之荘駅の自動改札機風景。自動改札化は千里線の北千里駅から開始された。関西の私鉄の中でも阪急電車の自動改札化は早いほうで、昭和50年代半ばには大半の駅が自動改札化されていた。

武庫之荘駅に到着する1100系普通電車。1111と数字の1が並んだ車輌。この当時は駅の禁煙化などが行われる前であり、柱下には大きな灰皿が設置されていた。後に分煙化が行われ現在は禁煙となっている。

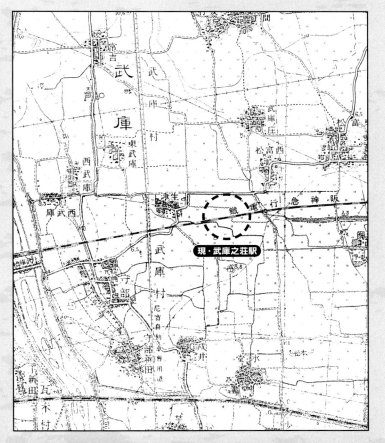

昭和4年（1929） 武庫之荘周辺

武庫之荘駅の開設は昭和12年のため、この地図上には記載されていない。地図の左（西）側にはこの付近の地名、駅名の由来となった武庫川の流れが見える。地図のほぼ中央を南北に走るのは、当時は珍しかった自動車専用道路（尼寶自動車専用道）である。当初、鉄道路線として建設されたこの道路は、路線バスが走る専用道路となった後、昭和17年に兵庫県に買い上げられ、現在は県道42号となっている。地図の南側を走る国鉄東海道線には、現在は立花駅が存在しているが、昭和9年に開設された新設駅のため、地図上には記されていない。

にしのみやきたぐち
西宮北口

西宮北口：**開業年**▶大正9（1920）年7月16日　**所在地**▶兵庫県西宮市高松町6−20　**ホーム**▶4面4線（地上駅／5号線のみ高架ホーム）　**乗降人数**▶099,642人　**キロ程**15.6km（梅田起点）

神戸線と今津線が交差する西宮北口駅。ダイヤモンドクロスが存在した阪急西宮スタジアム（球場）の跡地には、阪急西宮ガーデンズが誕生

　西宮市は阪神間の主要都市のひとつで、阪急線の窓口の役割を果たす西宮北口駅は、神戸線の主要駅となっている。宝塚駅と今津駅を結ぶ、今津駅との接続駅でもあり、かつては両線が十字型に交差する平面交差（ダイヤモンドクロス）が有名だった。

　大正9（1920）年7月、この西宮北口駅が誕生した頃は、この地は西宮市（当時は町）ではなく武庫郡瓦木村であり、市街地からは大きく離れていた。JRの西宮駅は約1キロメートル離れた南西にあり、阪神の西宮駅、長い歴史をもつ西宮神社はさらに南西に位置している。JR西宮駅に近いのは、今津線の阪神国道駅である。

　大正10年9月、西宝線の西宮〜宝塚間が開業。続いて大正15年12月、西宮〜今津間が開業して両線が今津線となった。このときにダイヤモンドクロスが誕生したが、昭和59年3月に平面交差は解消されている。昭和62年4月には橋上駅舎が完成した。なお、今津線はこの西宮北口駅を境に南北に分断されており、今津〜宝塚間の直通列車は存在しない。

　この西宮北口駅の北東には、大正9年の神戸線開通時以来の古参車庫、西宮車庫が存在する。かつては、この車庫の東側に阪急の西宮工場も置かれていた。現在は、神戸線、今津線、甲陽線、伊丹線の車両が所属している。

西宮北口駅の三宮行きホームから神戸方面を見た光景。今津線南北分断化までは神戸線のホームは今津線より東側に島式ホームが、大阪梅田方面行きホームは今津線より西側に島式ホームがあった。

撮影：岩堀春夫

昭和53年(1978)

神戸線・今津線▶西宮北口

阪急ブレーブスの本拠地だった、阪急西宮スタジアムの玄関口として賑わった西宮北口駅。多くの野球ファンが、ここから球場を目指した。

各方面との乗り換えには便利な駅ではあるが、当時の西宮の中心地からは離れた場所にあるだけに、駅舎はこぢんまりとした構造の地上駅舎だった。

提供:阪急電鉄

昭和51年(1976)

今津線の東側連絡線を曲がってくる、仁川方面から来た3000系冷房改造後の臨時急行。仁川には競馬場があった関係で、神戸線からの直通電車が競馬開催日などに運行されていた。

撮影:岩堀春夫

昭和57年(1982)

提供:阪急電鉄

昭和7年(1932) 西宮北口周辺

　神戸線と今津線が交わる西宮北口駅周辺の地図である。駅の東側には、阪急の西宮車庫があるものの、南東側の大毎フェア・ランド、西宮球場はまだ、存在していない。現在はここに阪急西宮ガーデンズが誕生し、さらに南東側を名神高速道路が走っている。一方、駅の北側には「甲風園」「昭和園」の文字が見える。どちらも高級邸宅街「西宮七園」のひとつで、「甲風園」「昭和」は地名となって残っている。一方、地図の南側には、国鉄の東海道線が東西に走り、左(西)側に西宮駅が置かれている。また、今津線には阪神国道駅があり、その南側には阪神国道(国道2号)が走っている。

阪急西宮球場(スタジアム)は、昭和12年に誕生した。それ以前には遊戯施設「大毎フェアランド」があったが、この当時はまだ、周囲に農地が広がっていたことが分かる。西宮球場では競輪も行われていて、そのためのバンク部材などが場外に置かれている。平成14年に閉鎖、解体され、付近にあった西宮球技場、ゴルフ練習場なども閉鎖された。跡地には阪急西宮ガーデンズが開業している。

昭和33年(1958)

提供:朝日新聞社

西宮北口駅の周辺では、昭和25年にアメリカ博覧会が開催され、今津線を挟んだ西側にある第二会場の跡地には、西宮北口団地が次々と建設された。また、昭和28年から31年にかけて、火事で焼けた宝塚映画撮影所が移転してきた歴史がある。

今津線の西宮北口駅付近を走る920系。西宮北口駅の東南方向には当時所有していたプロ野球球団阪急ブレーブスの本拠地であった西宮球場があった。駅をでて東南に向かうとすぐにある立地で、南海の大阪球場とともに駅から近い球場として人気があった。この景色は平成になっても変わらなかったが、現在では球場が阪急西宮ガーデンズになり、線路も高架になった。

神戸線・今津線 ▼ 西宮北口

昭和20年代

昭和期の西宮北口の北東にある西宮車庫。神戸線の車輌の点検等と正雀工場が拡大化されるまでは車輌工場も併設されていた。停まっている車輌も更新前の920系で、三宮寄りの先頭車の屋根にもパンタグラフ台が残っている時代である。

所蔵：中西進一郎

昭和34年(1959)

撮影：中西進一郎

神戸線の梅田～三宮の中間地点に位置する西宮北口駅には、今津線との平面交差（クロッシング）が存在していた。駅自体は今津線が複線、神戸線はホームの関係から複々線でクロッシングしていた。

昭和34年(1959)

撮影：中西進一郎

今津線の西宮北口駅付近を走る500系と300系の中間車編成。西宮北口駅ホームは南北に分断されるまで北側にホームがあったが、南北分断化後は南側に通称「今津南線」のホームが整備された。

西宮北口駅の北東方向にある西宮車庫は、神戸線の電車のねぐらである。その昔は工場も併設された車庫であったが、京都線の正雀に大型の工場が建設されると車庫としての機能のみとなって現在に至っている。

昭和51年(1976)

撮影：岩堀春夫

西宮北口〜夙川間を走る神戸行き3000系普通電車。この区間は高架化が行われていたが、阪神淡路大震災で大きな被害を受けた場所であった。懸命な復旧工事により、震災の半年後には工事が完了した。戦前には、この区間の西宮北口駅寄りに正月に営業する西宮戎臨時駅が設けられていた。

昭和53年(1978)

撮影：岩堀春夫

しゅくがわ
夙川

夙川：開業年▶大正9(1920)年7月16日　所在地▶兵庫県西宮市相生2-1　ホーム▶2面2線(地上駅)　乗降人数▶29,891人　キロ程▶18.3km(梅田起点)

甲陽線と連絡する夙川駅は、阪神・淡路大震災で大きな被害を受けた
夙川沿いは春のお花見のスポット。JR東海道線には、さくら夙川駅

　甲陽線との接続駅となっている夙川駅は、大正9(1920)年7月の神戸線開通時に開業。大正13(1924)年10月に甲陽園駅に至る甲陽線が開通した。この夙川駅までが西宮市であり、南東には平成19(2007)年3月に開業した、東海道線(JR神戸線)のさくら夙川駅がある。このJR駅の名称に採用されたように、夙川沿いの夙川公園は桜の名所として有名で、春には多くの花見客で賑いを見せる。

　この夙川駅は平成7(1995)年1月の阪神・淡路大震災で大きな被害を受け、駅南側にあった5階建ての夙川阪急ビルが倒壊、駅は休止となった。甲陽線の運行が再開されたのは3月であり、神戸線は4月に夙川〜岡本間が復旧、6月に西宮北口〜夙川間が復旧し、全線が開通した。平成9年2月には駅舎の修復工事が完了した。駅舎は夙川の西岸に位置し、南北の改札口を有している。神戸線に相対式2面線のホームがあり、北側に甲陽線の単式1面1線のホームが延びる形である。

　駅の南西には、関西におけるバロック音楽の聖地として知られる、カトリック夙川教会が存在する。昭和7年に落成したキリスト教カトリック大阪大司教区のゴシック・リバイバル様式の大聖堂(カテドラル)では、日本テレマン協会によるコンサートが定期的に開催されている。

昭和53年(1978)

夙川駅の俯瞰。神戸線のホームはほぼ直線で駅舎と夙川をまたいだ形でホームが設置されていた。また甲陽線ホームは神戸線から直角に設置されていたが、電車の転線用に三宮側に連絡線が設置されている。

撮影◎岩堀春夫

神戸線・甲陽線 ▼ 夙川

昭和26年(1951)

昭和48年(1973)

夙川〜芦屋川間を走る1010系。1000系と同じく2扉で登場したが、その後の増備車から3扉が採用され、2扉で登場した車輛は後に3扉に改造されている。

夙川駅に到着する800系特別塗装車。昭和25年に西宮球場近辺（現在の西宮ガーデン付近）で行われた「アメリカ博」の特別塗装を施した800系は、京都と三宮の直通運転にも活躍した。アメリカ博終了後には元の塗装に戻されている。

昭和52年(1977)

昭和20年代の夙川駅を発車する梅田行き普通電車。昭和初期に登場した当時の姿をよく残していた時期で、三宮側の制御車にもパンタ台が残っている時代であった。後の更新工事で残されていたパンタ台も撤去されている。

夙川駅の西側から見た夙川駅遠景。甲陽線の電車は、神戸側から分岐する線路から鋭角にカーブで甲陽線に入線していた。そのため線路改良工事が完成するまでの間は15m級の610系など小型車が活躍していた。

昭和25年(1950)

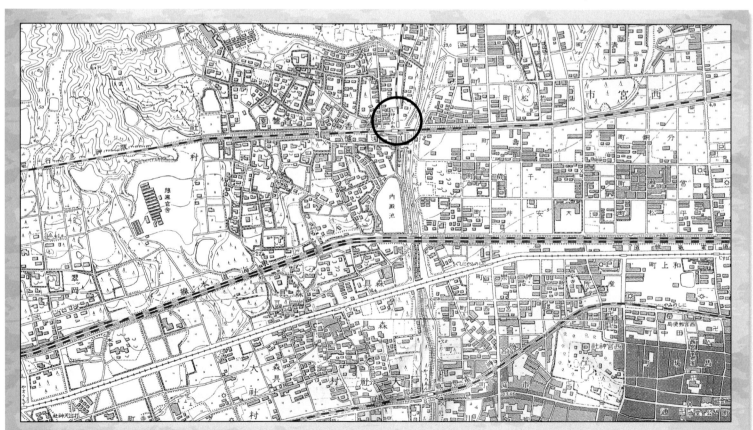

昭和7年(1932) 夙川周辺

　南北に距離を置いて走ってきた阪急神戸線、国鉄東海道線は、この夙川駅付近ではかなり接近することになる。現在は、東海道線には、さくら夙川駅が開業している。また、西宮、香櫨園駅が置かれている阪神本線とも距離が近いこともわかる。このあたりは武庫郡大社村であり、この村の名は廣田神社に由来していた。大社村は昭和8年に西宮市に編入されて、その一部となった。夙川駅の駅名の由来となった夙川は、すぐ東側を南に向かって流れている。地図の中央左（西）側に見える鉄道官舎は現在、国土交通省官舎となっている。

通りから奥まったスペースにあった頃の夙川駅の木造駅舎。改札口から続く駅前両側には、地元に暮らす人々が日々通う食品、日用品を扱う店が並んでいた。

夏服姿の利用客がいる夙川駅の改札口付近。奥に見える神戸三宮方面のホームは一段高い位置に置かれていた。左側の女性の奥に、駅員のいるボックス部分が見え、左手上には上下線の時刻表が掲げられている。

甲陽線で活躍していた頃の300系。甲陽線は沿線の宅地開発が進むまでは小型電車1輌もしくは2輌でまかなえるぐらいの乗降客数しかなかった。現在は3輌編成の電車で運行されている。

撮影：中西進一郎

昭和34年(1959)

神戸線・甲陽線▼夙川

昭和47年(1972)

夙川駅ホームに留置されている610系。甲陽線は神戸線からほぼ直角電車が発車している駅で、ホームは2線分ある。610系は小型電車であったおかげで甲陽線などで活躍した。

撮影：岩堀春夫

COLUMN

市町史に登場する阪急電鉄①

「西宮市史」より抜粋

　阪神電車の開通が、西宮市域の南半に大きな影響を与えたのに対して、阪急電車の開通は主として北半の地域にさまざまな変化をもたらすことになった。

　阪急電車は会社創設当初「箕面有馬電気軌道株式会社」と称し、明治40年(1907)10月19日に会社創立総会をおこなっている。沿線開発の重点は社名が示すように、レクリエーションセンターとしての箕面ー宝塚間（宝塚線）および石橋ー箕面間（箕面支線）ともに明治43年3月10日である。

　阪急電車の経営の一つの特徴は、電車沿線における郊外住宅地の開発で、はやくも明治43年に池田の土地11ヘクタール（33,000坪）を売り出しており、大正時代の初期には桜井・豊中の開発を始めていた。しかし大正時代にはいると、その経営方針をようやく大阪ー神戸間の開発に進め阪神電車と競合状態にはいることになった。そこで当時西宮ー神戸間の電車敷設権を持っていた灘循環電気軌道株式会社と提携し、すでに同社が企画していた門戸厄神ー十三間の計画路線を連絡して、大阪ー神戸間の直通快速電車の設置を企画した。ところが、たまたま第一次世界大戦前の不況期に当たり、一方では取引銀行の破綻などがあって、灘循環電気軌道株式会社は、同一金融関係からその権利を阪急電車の競合相手である阪神電車に譲与しなければならぬ情勢となった。この権利が阪神電車に移行しては阪急電車の大阪ー神戸間の進出計画が水泡に帰するので、阪急側ではただちに阪神電車と交渉し、臨時株主総会において灘循環電気軌道の特許路線に関する権利いっさいと同社の資産を148,000円余で譲り受ける契約書を承認した。ときに大正5年(1916)4月28日である。ここにおいて阪急電車は大阪ー神戸間の山手最短距離を走る電車路線を改めて計画し、ただちに工事にかかったが、路線権利の問題、資金面、用地買収の点で幾多の苦難にあわざるをえなかった。しかし大正7年2月4日、社名をこれまでの箕面有馬電気軌道から、阪神間の直通電車にふさわしい「阪神急行電鉄株式会社」に改め計画の完成に努力した結果、ついに大正9年7月16日、大阪ー神戸間を結ぶ神戸線の開通をみるにいたった。神戸線の開通によって本市域内には西宮北口（旧瓦木村）と夙川（旧大社村）の2駅が設置された。

　一方神戸線を開通させた阪急電車は、すでに許可を得て明治45年以来企画を進めていた西宮ー宝塚間の路線敷設工事を急ぎ、大正10年9月2日に西宮北口ー宝塚間に単線が開通し、翌11年4月1日に複線の開通となった。この路線（西宝線、のちに今津線と改称）の開通によって、本市域には新たに門戸厄神（旧甲東村）の駅が設けられ、のち、さらに甲東園駅（旧甲東村）も開設された。

　また神戸線においても、夙川から甲陽園（旧大社村）に至る支線の工事が大正13年10月1日に完成して甲陽駅が設けられ、翌14年3月8日には夙川ー甲陽園間に中間駅として苦楽園口（旧大社村）が開設された。

　その後、西宮北口ー宝塚間を結んでいた西宝線は、南方への延長工事が続行され、大正15年12月18日、西宮北口ー今津間が開通した。この結果、これまでの西宝線の名称は今津線と改称された。しかし現在のように阪神電車本線と今津駅で連絡する工事の完成は昭和3年(1928)4月1日まで待たねばならなかった。今津線の開通によって、すでに阪神国道との立体交差点に阪神国道（国道線北今津）の駅が新たに市域内に設けられることとなった（「阪神急行電鉄二十五年史」、「京阪急行電鉄五十年史」）。

47

あしやがわ
芦屋川

芦屋川：開業年▶大正9（1920）年7月16日　所在地▶兵庫県芦屋市西山町1－10　ホーム▶2面2線（地上駅）　乗降人数▶8,409人　キロ程▶21.0km（梅田起点）

芦屋川の西岸に位置する芦屋川駅。駅前には浄土宗の寺院・安楽寺
芦屋川の上流には、フランク・ロイド・ライトの名建築・ヨドコウ迎賓館

　この駅の付近を流れる芦屋川の下流には、明治38（1905）年に阪神本線の芦屋駅が置かれている。また、両駅の中間付近の東側には、JR神戸線の芦屋駅があり、阪急神戸線の開通時、大正9（1920）年に開設された駅名には「芦屋川」が選ばれた。この川の畔には桜の並木が植えられており、春には多くの花見客が訪れる。また、駅の南西には、平成8（1996）年にJR神戸線の甲南山手駅が開業した。

　芦屋川駅の構造は、相対式2面2線のホームを有する地上駅である。駅舎は芦屋川のすぐ西側に位置しており、ホームは川を跨いで東側にも届いている。昭和31（1956）年に芦屋川の河川改修工事が行われたのに伴い、駅舎が改築されている。芦屋は歴史のロマンあふれる地であり、平安初期の歌人、在原業平はこの地に住んでいたと伝えられてる。

　駅のすぐ北側には、浄土宗の寺院、安楽寺、日本キリスト教団芦屋西教会、芦屋西山郵便局が存在する。また、芦屋川をさかのぼれば、ヨドコウ迎賓館、山芦屋公園に至る。ヨドコウ迎賓館（旧山邑家住宅）は建築家、フランク・ロイド・ライトの設計により、大正13年に竣工した。平成元（1989）年に淀川製鋼所（ヨドコウ）迎賓館となり、一般公開されている。

昭和55年（1980）
提供：阪急電鉄
芦屋川のほとりにあり、山の麓に位置する駅でもある芦屋川駅。高級住宅地の窓口となるにふさわしい雰囲気を漂わせていた。

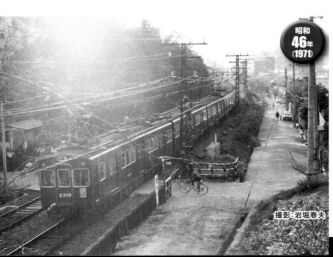
昭和46年（1971）
芦屋川付近を走る梅田方面行き普通電車。この当時は京都線用に製造された2300系が神戸線で使用されていた頃で、逆に2000系が京都線で使用されたこともあった。
撮影：岩堀春夫

昭和50年（1975）
夙川～芦屋川間を走る三宮方面新開地行き特急電車。電車は5200系で阪急電車では初めて採用された冷房装置を搭載した車輌。製造当初の車輌は5個のクーラーを積んでいるのが特徴であった。後方に夙川カトリック教会が見える。
撮影：岩堀春夫

昭和47年(1972) 夙川〜芦屋川間を走る3000系。このあたりは現在では住宅地になってしまっているが、当時は田畑を見ることができた。3000系は2000系とは異なり、当初から連結面側にパンタグラフを1個搭載し、横から見るとすっきりとしたスタイルだった。

神戸線 ▶ 芦屋川

昭和47年(1972) 夙川〜芦屋川間を走る2000系高速神戸行き特急電車。ダブルヘッドマークになっているのは、当時、阪急はプロ野球球団(阪急ブレーブス)を所有しており、セ・リーグとの頂上決戦の日本シリーズを応援するヘッドマークを掲げていた。

撮影：岩堀春夫

昭和50年(1975) 夙川〜芦屋川間を走る高速神戸行き特急電車5100系。5200系は尖がった屋根が特徴であったが、5100系は側面が高くなり、屋根が平たくなったのが特徴であった。

撮影：岩堀春夫

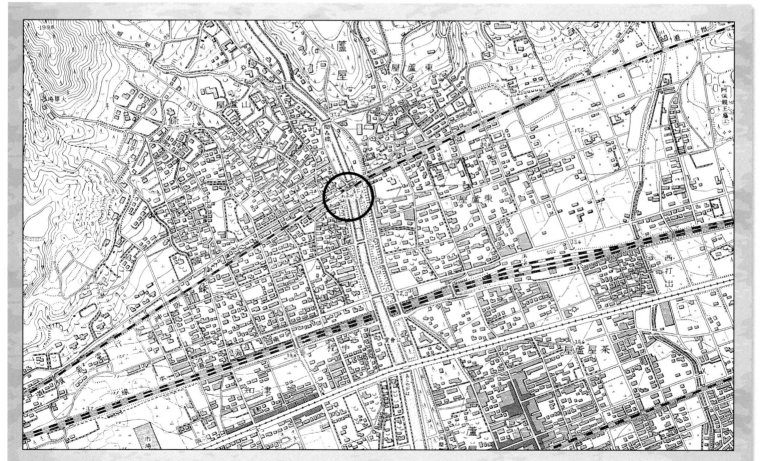

昭和7年(1932) 芦屋川周辺

地図の中央を、駅名の由来となった芦屋川がほぼ南北に流れ、川沿いを県道344号が走っている。北から阪急、国鉄、阪神電鉄が走り、阪急神戸線には芦屋川駅、国鉄東海道線には芦屋駅が見える。地図の北西、芦屋川の支流である高座川沿いの山芦屋(町)には戦後、山口吉郎兵衛邸の一部を改装した滴翠美術館がオープンした。開森橋の北には、昭和8年に芦屋市立山手小学校が開校した。一方、現在は三条(町)に存在する市立山手中学校は、地図作成以後の昭和22年の開校である。

おかもと
岡本

岡本：**開業年**▶大正9（1920）年7月16日　**所在地**▶神戸市東灘区岡本5-1-1　**ホーム**▶2面2線（地上駅）　**乗降人数**▶32,098人　**キロ程**▶23.4km（梅田起点）

岡本駅は大正9年に開業。JRには昭和10年開業の摂津本山駅
観梅の名所として名高い岡本。現在は、神戸市の岡本梅林公園が存在

　岡本駅は、大正9（1920）年7月の神戸線開通時に開業している。駅の南側には、東海道線（JR神戸線）の摂津本山駅が存在するが、こちらは少し遅れた昭和10（1935）年12月の開業である。このあたりは、昭和25（1950）年に神戸市に編入されて、東灘区の一部となる前は本山村であり、その北側の山麓にあった岡本梅林は、江戸時代から有名な観梅の名所だった。東海道線の前身である大阪～神戸間の官設鉄道では、梅の花が咲く時期には、このあたりを徐行運転して乗客に花見のサービスを行ったといわれている。

　岡本駅周辺は、芦屋、御影とともに関西を代表する高級住宅地であり、甲南大学、甲南女子大学、神戸薬科大学などのキャンパスも存在している。駅の構造は相対式2面2線の地上駅であり、昭和54年に改築されて、現在の駅舎となった。平成7年1月の阪神・淡路大震災では大きな被害を受け、4月に夙川～岡本間が復旧した。また、6月1日にようやく岡本～御影間が復旧し、12日に神戸線の全通が復旧している。現在は特急・通勤特急を含めた全列車が停車する。

　なお、観光名所であった岡本梅林は、水害や住宅地の開発により、一時は消滅の危機に瀕したが、住民たちの手で復興し、昭和57年に神戸市により、「岡本梅林公園（岡本公園）」が開園。観光客が再び訪れるようになり、観梅シーズンには梅まつりも開催されている。

昭和53年（1978）

以前は特急の停車駅ではなかった岡本駅だが、住宅地にあるだけに通勤・通学の利用客は多く、改札口は狭かったために朝夕のラッシュ時には人があふれるほどだった。

提供：阪急電鉄

神戸線▶岡本

芦屋川〜岡本間を走る3000系の特急電車（新開地〜梅田）。すでに冷房化改造が行われているものの、標識灯と前面方向幕工事が行われる前であり、行き先看板を掲示して走っている頃であった。この付近は住宅地の中を走る区間であった。

神戸線内でも桜並木が綺麗な岡本付近を走る7000系トップナンバー車。この区間は住宅地に近いところを走るため、写真撮影には不向きなところでもあったが、春先には綺麗な桜を花見しながら電車を見ることが出来た。

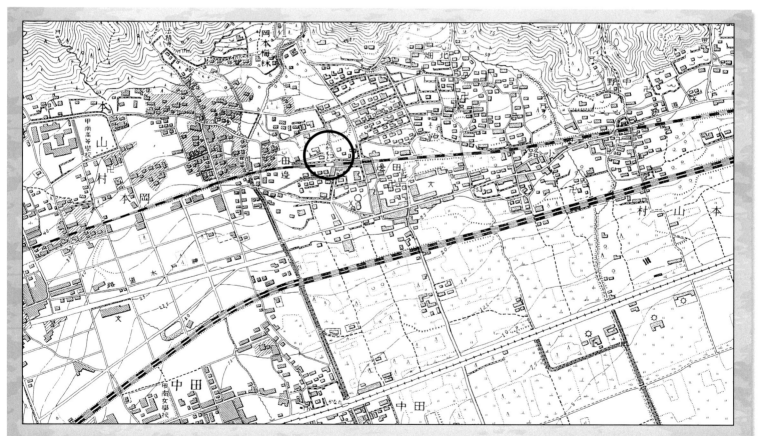

昭和7年（1932） 岡本周辺

　阪急神戸線には、大正9年の開通時に岡本駅が置かれた。一方、国鉄東海道線の摂津本山駅は昭和10年の開業で、この地図には記載されていない。岡本駅の北側、山の斜面には、阪神間の観梅の名所として知られた岡本梅林が広がっている。また、西側の本山村の文字がある付近には、甲南高等学校があり、現在は甲南大学岡本キャンパスとなっている。一方、国鉄線の南側に見える甲南女学校は、現在の甲南女子学園の前身で、戦後に甲南女子大学、甲南女子中学・高校はいずれも移転し、跡地には神戸市立本山南中学校が開校している。

御影

みかげ

御影：開業年▶大正9（1920）年7月16日　所在地▶神戸市東灘区御影2－1－1　ホーム▶2面2線（地上駅）　乗降人数▶18,253人　キロ程▶25.6km（梅田起点）

阪急と阪神に御影駅が存在。JRには先輩格の住吉駅あり
御影駅付近には、弓弦羽神社に隣接する形で香雪美術館がある

　阪急、阪神には御影駅が存在するが、JR線には東側に住吉駅が存在するため、御影地区には駅が置かれていない。現在はともに神戸市東灘区にあるが、戦前には武庫郡に御影町、住吉村があった。阪急の御影駅は大正9（1920）年7月、神戸線の開通時に開業している。一方、阪神の御影駅は明治38（1905）年4月、阪神本線の開通時に開業し、昭和4（1929）年7月、併用軌道から移転・高架化されている。

　阪急の御影駅の構造は相対式ホーム2面2線を有する地上駅である。駅の周辺は関西を代表する高級住宅地で、多くの美術館や学校も存在する。そのひとつが駅の南東、弓弦羽神社に隣接して存在する旧村山邸内に建つ香雪美術館で、朝日新聞社の創設者で茶人の村山龍平のコレクションを収蔵、展示するため、昭和48（1973）年に開館した。「香雪」は村山の号であり、東洋美術の名品を所蔵していることで知られるとともに、旧村山邸の建物（旧村山家住宅）は国の重要文化財に指定されている。

　また、駅のすぐ北側には、地元の人々が憩う深田池公園があり、その北側には、昭和45年に小原流芸術参考館がオープンし、平成5（1993）年に豊雲記念館となった。これは、華道小原流の小原豊雲の美術コレクションを紹介するものだったが、平成23（2011）年に閉館した。

昭和50年（1975）

撮影：岩堀春夫

御影駅の神戸側にある山陽電車の折り返し線に停車する山陽電車3000系。阪急線内では山陽電車は各駅停車で六甲まで運行され、回送で御影手前にある引き揚げ線まで行き、折り返していた。

御影駅付近を走る梅田行き3000系普通電車。このあたりは、十三から芦屋川までの直線区間と異なり岡本～御影間にはゆるやかなカーブがある。

駅付近に中学校、高校が存在し、女子生徒たちの姿が多くみられた御影駅。奥にのぞくのは改築前の小さな駅舎である。

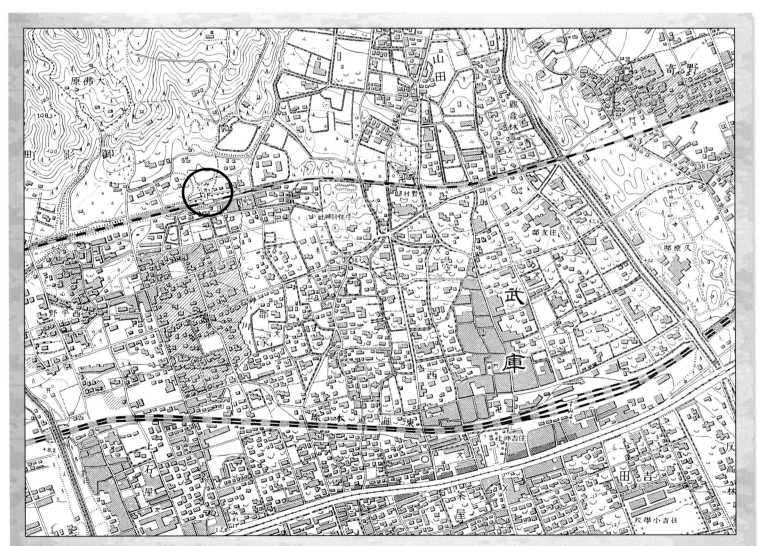

昭和7年(1932) 御影周辺

　山側を阪急神戸線、海側を国鉄東海道線が走り、さらに国道2号上には阪神国道線の電車も走っていた。阪神本線は、地図外のさらに海(南)側を通っている。この当時、阪急の御影駅周辺(北側)は武庫郡御影町で、神戸市の一部(東灘区)となるのは戦後の昭和25年である。一方、国鉄の住吉駅周辺(南側)は同じ武庫郡の住吉村で、こちらも昭和25年に神戸市東灘区の一部となった。阪急の沿線には野村邸、住友邸など富豪の邸宅が存在する。また、北には弓弦羽神社、南には住吉神社という2つの古社が鎮座している。

ろっこう
六甲

六甲：開業年▶大正9（1920）年7月16日　所在地▶神戸市灘区宮山町3−1　ホーム▶2面2線（地上駅／橋上駅）　乗降人数▶34,206人　キロ程▶27.4km（梅田起点）

六甲山・摩耶山の玄関口である六甲駅。かつては山陽電鉄から乗り入れも 神戸大学、神戸松蔭女子学院大学、親和女子高等学校などの最寄り駅

　阪神間を走る鉄道路線のうちで最も北側を通る阪急神戸線は、北側にそびえる六甲山、摩耶山への登山客の利用も多く、六甲駅がその玄関口となっている。平成12（2000）年4月に橋上駅舎に変わり、駅舎の1階部分はバスターミナルとなり、六甲ケーブル下、六甲山頂（記念碑台）、六甲ケーブル山頂駅などに向かう神戸市バス、阪急バスが発着している。

　六甲駅の開業は大正9（1920）年7月、阪急神戸線の開通時である。昭和43（1968）年4月、山陽電鉄との相互直通運転、当駅までの乗り入れが実現し、駅の構造（ホーム）も開業当初の島式2面4線から、相対式2面2線に変更された。この相互直通運転は、平成10（1998）年2月に廃止されている。

　駅の北側、六甲台方面における開発により、神戸大学のキャンパスなどが誕生したため、この駅を利用する学生の数は近年、増加している。また、テニス部の活躍で知られる神戸松蔭女子学院大学、藤原紀香の母校として有名な親和中学校・親和女子高等学校に通う学生、生徒も利用する駅となっている。

　なお、JR東海道線（神戸線）には六甲道駅があるが、南に約700メートル離れており、乗り換えには少し不便である。

昭和28年（1953） 神戸線六甲駅付近を走る900系と920系の併結3輌編成。この当時は3輌編成の場合は両運転台の900系と2輌連結編成の920系の組み合わせで運転されることが多かった。また3輌編成の場合は主に普通電車として運転された。

撮影：高橋弘

神戸線▼六甲

昭和44年(1969)

六甲駅に入線する山陽電車。山陽電車の阪急側の始発駅は六甲駅となっており、駅の構造は新幹線追い抜き駅と同じく中央の2線にはホームが無い駅であった。電車は3000系で、神戸高速鉄道開業で阪急・阪神乗り入れのために増備された車輌である。

撮影：岩堀春夫

神戸のシンボル的な存在、六甲山への玄関口となっている六甲駅。登山客はここでバスに乗り換えて、さまざまな方法で頂上を目指した。

昭和43年(1968)

昭和29年(1954)

六甲駅付近を走る810系梅田行き特急電車。登場まもない頃で、まだ幌枠も取り付けられる前ですっきりとした前面をしているのが特徴。810系は阪急神戸線と宝塚線に投入された初の19メートル級電車であった。

撮影：高橋弘

撮影：荻原二郎

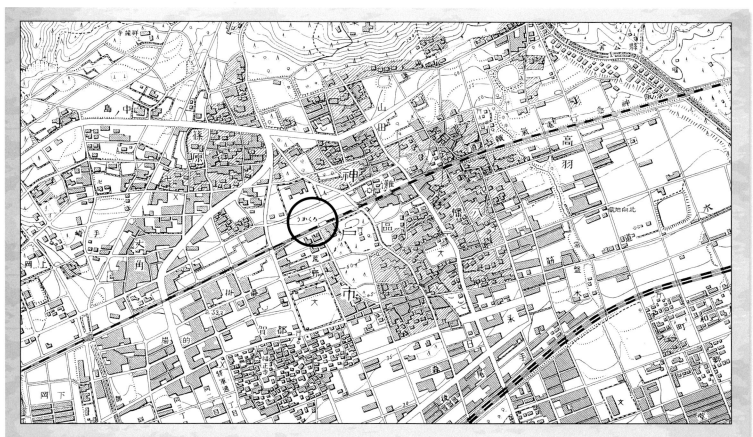

昭和7年(1932) **六甲周辺**

　阪急神戸線には六甲駅が見えるが、国鉄東海道線にはまだ六甲道駅は開業していない。この駅の開業は昭和9年である。六甲駅のすぐ南側には、六甲八幡神社が鎮座しており、その南西には神戸市立六甲小学校が存在する。この学校は、駅付近の梅仙寺内に明治19年、八幡小学校として開校し、その後に校名を改称した。駅の北西にある交差点は「六甲登山口」である。この北東の丘陵地には現在、広大な神戸大学六甲台第1、2キャンパス、鶴甲第1、2キャンパスが誕生し、神戸大学百年記念館も開館している。

55

おうじこうえん
王子公園

王子公園：開業年▶昭和11（1936）年4月1日　所在地▶神戸市灘区王子町1-4-20　ホーム▶2面2線（高架駅）　乗降人数▶20,827人　キロ程▶29.2km（梅田起点）

王子公園駅は、昭和11年4月に西灘駅として開業している
神戸三宮駅への延伸前には、起終点駅の神戸駅（初代）があった

　神戸市立王子動物園、神戸文学館の最寄り駅として、神戸市民に親しまれてきたのが、王子公園駅である。もっとも、開業時の駅名は「西灘」で、昭和59（1974）年6月に現在の駅名となった。

　昭和11（1936）年4月、神戸線の神戸（三宮）駅までの延伸時に、新旧線の分岐点に西灘駅として開業した。このとき、旧線の終点駅だった神戸駅（初代）は、上筒井駅に改称された。旧線は上筒井線（支線）となったが、昭和15年5月に廃止された。

　当初から移転を予定した仮設駅であり、太平洋戦争の戦災で焼失した後も、仮設駅での営業を続けたため、昭和31（1956）年10月、神戸市における第11回国民体育大会の開催に合わせて、現在地に移転し、新しい駅舎が建設された。その後、平成7（1995）年の阪神・淡路大震災でも被災、営業休止するが、間もなく復旧、再開した。駅の構造は相対式ホーム2面2線を有する高架駅で、梅田寄り上り線側に軌道機械用の側線が分岐している。

　神戸市立王子動物園は昭和26年3月、日本産業貿易博覧会（神戸博）の跡地を利用して開園した。それまで、神戸には諏訪山公園内に諏訪山動物園があった（昭和21年に閉園）が、移転した形である。現在は園内北東隅に国の重要文化財に指定されている異人館「旧ハンター住宅」が移築され、定期的に公開されている。

阪急神戸線の終点駅として開業した神戸駅（初代）は、昭和11年に支線の上筒井駅となり、昭和15年に廃止された。

上筒井駅当時の改札口。頭端式ホーム2面3線だったが、ホームは特急用の900形2両編成がぎりぎりで停車できる程度の長さだった。駅の廃止直前には西灘〜上筒井間が単線になり、ホームは1面2線に縮小された。

開業時から駅名は「西灘」だったが、阪神本線に同名の駅があることから、昭和59年、現在の「王子公園」に改称された。

春日野道を発車し西灘方面に快走する梅田行きの3000系普通電車。この区間は神戸三宮に乗り入れるために昭和初期に高架線として開業した区間であり、コンクリート風の高架橋が特徴の区間である。

神戸線 ▶ 王子公園

昭和50年(1975)

西灘駅に到着した三宮駅行きの3000系普通電車。西灘駅は駅名が変更され王子公園駅になっている。駅の北側にある王子動物園の最寄り駅であることから、昭和59年に改名された。

撮影：岩堀春夫

昭和50年(1975)

西灘駅の梅田側の風景。神戸線の電車はここまでは地上を走ってくるが、西灘駅から三宮駅までは高架区間を走る。また阪急神戸線は開業当初この位置からまだ地上を少し走り上筒井駅で終点であった。

撮影：岩堀春夫

昭和56年(1981)

春日野道〜西灘間を走る梅田行き普通電車。春日野道を発車した電車はだんだんと登り、国鉄線より高い位置を走るようになり西灘駅に到着する。これは西灘駅方面に少し山側に阪急電車が走るためであった。

撮影：岩堀春夫

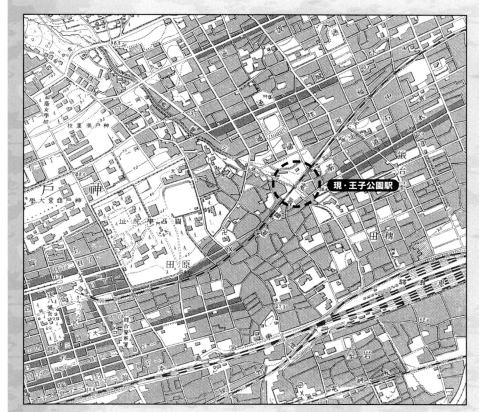

昭和7年(1932)
王子公園周辺

　この当時、阪急神戸線の神戸側の終点駅だった上筒井(神戸)駅が地図の左上(北西)に見える。その先には、神戸市電の電停があり、三宮方面へ連絡していた。この北側には、関西学院(址)、神戸商業大学、神戸商業校、松蔭女学校などのキャンパスが存在していた。現在は王子動物園などに変わり、その最寄り駅として王子公園駅(開業時は、西灘駅)が存在している。一方、国鉄東海道線には、灘駅とともに貨物駅だった東灘駅が見え、貨物線も延びている。この東灘駅は操車場、信号場となった後、平成28年3月に旅客駅の摩耶駅として開業した。

かすがのみち
春日野道

春日野道：開業年▶昭和11(1936)年4月1日　所在地▶神戸市中央区国香通1-25-6　ホーム▶1面2線(高架駅)　乗降人数▶6,085人　キロ程▶30.7km(梅田起点)

春日野道の商店街を通って、南の阪神・春日野道駅へ通ずる
北側には神戸市の二代目外人墓地、春日野墓地が存在した

　春日野道駅は昭和11(1936)年4月、阪急の神戸(現・神戸三宮)延伸時に開業した。当時、南側には既に阪神の春日野道駅が開業しており、同名の駅となった。太平洋戦争中の昭和20年6月に営業休止となり、昭和21年5月に営業を再開した。

　駅の構造は島式ホーム1面2線の高架駅であり、隣りにはJR東海道線が走っている。阪神の春日野道駅(地下駅)の旧ホームの幅が狭かったことは有名な話(平成16年に改良)だが、阪急の春日野駅も他駅に比べるとホームの幅が狭くなっている。阪神の駅との間には春日野道商店街がある。

　駅名・地名の由来については、この春日野道駅山側の籠池通付近には春日明神があり、「春日野」と呼ばれていた。明治22(1889)年、このあたりに外人墓地(春日野墓地)が開設され、明治36年に西国街道に至る南北の道路が設けられて、「春日野道」と呼ばれるようになった。この外人墓地は二代目で、初代の墓地は小野浜(旧生田川口東岸)にあり、現在(三代目)の「神戸市立外国人墓地」は再度山付近に置かれている。また、所在地の「国香通」の由来には、「梅の香」によるという説、「国衙」から転じたという説が存在している。

左：三宮方面に発車していく2000系普通電車。春日野道駅は西灘〜三宮間の高架線の中間駅として開業した駅で、高架に駅が建設されたために、ホームが島式で狭くなっている。

左下：春日野道から西灘へ向かう梅田行き3000系普通電車。この当時はまだ3000系は非冷房のままで表示幕工事も行われていなかったが、まず冷房化改造が行われ、その後6000系などと同様に表示幕と標識灯の改造工事が行われた。

右下：西灘〜春日野道間を走る三宮方面行き3000系普通電車。このあたりは国鉄の高架より一段高いところを走っているが、春日野道駅付近では国鉄の高架とほぼ同じ高さまで下ってくる。高架下の建物が特徴だ。

撮影：岩堀春夫

撮影：岩堀春夫

撮影：岩堀春夫

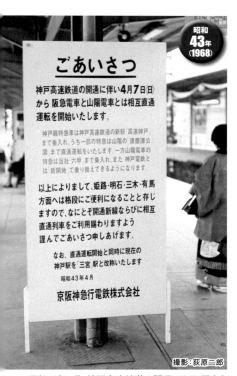

昭和43年(1968)

昭和43年4月、神戸高速鉄道の開通により、阪急と山陽電鉄が相互乗り入れを開始することを知らせる看板が各駅に設けられた。(写真は西宮北口駅で撮影)

昭和44年(1969)

神戸線▶春日野道

阪急神戸線春日野道からみた国鉄線の車輌。このあたりは国鉄と阪急電車とが並んだ形で高架橋を走っている。春日野道を梅田側に行くと阪急電車は、山側に移動するために少し高架が高くなって西灘駅に到着する。

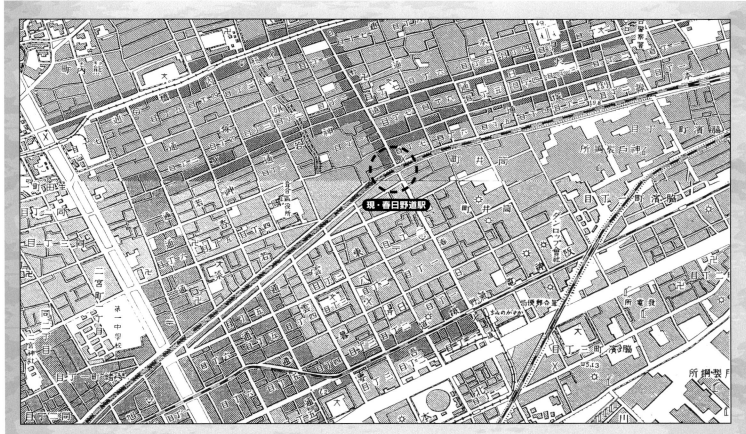

昭和7年(1932) 春日野道周辺

　現在は国鉄東海道線の北側を並んで走る阪急の神戸線はまだ見えず、春日野道駅も開業していない。一方、阪神本線には、同名の春日野道駅が置かれており、駅前には神戸市電の終点(春日野道電停)があり、車両基地(車庫)もあった。現在、この付近の阪神本線は地下区間となり、春日野道駅は阪神国道(国道2号)の地下に移転している。国鉄線の北側には、葺合区役所が見えるが、当時この周辺は神戸市葺合区で、昭和55年に生田区と統合されて、現在の中央区となった。また、国鉄線の南側には、神戸製鋼所があったが、現在は神鋼記念病院などに変わっている。

こうべさんのみや
神戸三宮

神戸三宮：開業年▶昭和11（1936）年４月１日　所在地▶神戸市中央区加納町４−２−１　ホーム▶島式２面３線（高架駅）　乗降人数▶112,709人　キロ程▶32.3km（梅田起点）

みなと神戸の観光拠点。阪急は昭和11年４月、二代目の神戸駅へ延伸
神戸三宮駅はJR、阪神、神戸新交通線、神戸市営地下鉄などと連絡

　みなと町・神戸の観光の拠点となる駅がこの三宮駅である。阪急神戸線の終点である神戸三宮駅ばかりでなく、阪神本線の神戸三宮駅が存在し、神戸新交通ポートアイランド線、神戸市営地下鉄西神・山手線の三宮駅や、海岸線の三宮・花時計前駅も置かれている。もともと、阪急と阪神の駅も「三宮」を名乗っており。現在のような「神戸」を冠したのは阪急が平成25（2013）年、阪神が平成26年である。

　また、JRの三ノ宮駅は明治７（1874）年の開業当時は現在の元町駅付近にあったが、開業以来変わらずに「三ノ宮」である。

　阪急の三宮駅は上筒井駅（初代神戸駅）からの延伸により、昭和11（1936）年４月に開業した。このときは神戸駅（二代目）と呼ばれたが、昭和43（1968）年４月、神戸高速鉄道東西線が開通し、山陽電鉄との相互乗り入れが実現した際に三宮駅に改称した。現在の駅名「神戸三宮」となったのは平成25年12月である。

　開業当時の神戸（三宮）駅は、地上６階（塔屋を含む）、地下１階の神戸阪急ビル東館（駅ビル、阪急会館）と一体化し、三宮の地に堂々たる偉観を誇っていた。しかし、このビルは平成７（1995）年の阪神・淡路大震災で被災し、解体された。現在のビルは暫定的な建物であり、阪急は2021（平成33）年竣工予定で、地上29階、地下３階の新駅ビルを建設し、低層部で旧神戸阪急ビル東館のデザインを再生することを発表している。

　現在の神戸三宮駅の構造は、島式ホーム２面３線の高架駅で、中線は上下線ホームで挟まれる形である。

平成元年（1989）

梅田行き普通電車をJRホームから見た光景。阪急三宮駅は駅ビルに電車が入る形で建築され、ホームはドーム型の立派な３線ホームがあった。開業時は４ホーム式であったが、昭和50年代の改良工事で現在は島式２ホーム式になっている。

撮影：岩堀春夫

三宮駅で折り返すために出てきた姫路行き特急電車の山陽電車と、三宮駅に到着する阪急の急行7000系。山陽電車は阪急の六甲駅まで行く電車と三宮駅で折り返す電車とあった。7000系はまだ屋根のクリーム色塗装がない頃でHマークも付いていた。

国鉄三ノ宮駅から見た阪急神戸線三宮駅を発車する大阪梅田行き特急。2200系は京都線の6300系と同時期に登場した神戸線の電車で5100系の後継機となる電車であった。昭和50年代に増備された6000系の基礎となった車輛である。

昭和43年に三宮(現・神戸三宮)駅と改称される直前の神戸駅の駅前風景。山陽電鉄との相互直通運転を祝う看板が既に掲げられている。

神戸線 ▶ 神戸三宮

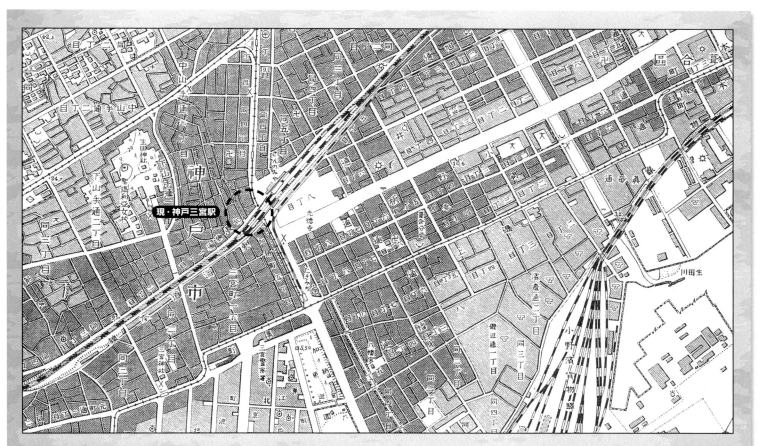

昭和7年(1932) 神戸三宮周辺

　この当時、阪急神戸線は三宮延伸を果たしておらず、国鉄東海道線の三ノ宮駅と阪神本線の三宮駅が見える。また、阪神本線もまだ、地下線が延びて誕生する元町駅が終点駅ではなく、三宮駅から南に延びた滝道駅が終点駅だった。この滝道駅は、神戸市内の併用軌道解消により、昭和8年に廃止されている。一方、海側には貨物線が延び、小野浜貨物駅が存在していた。この駅は、昭和14年に神戸港駅と改称した後、平成15年に廃止された。また、駅周辺の道路には、神戸市電の路線、電停が見える。明治43年、神戸電気鉄道としてスタートした神戸市電は、昭和46年に全線が廃止されて、バス、地下鉄に変わっている。

昭和27年の国鉄元町駅の南側、旧居留地周辺の空撮写真である。奥に延びるのが東海道線の高架線で、左手に元町駅が置かれている。その手前、細長いビルは大丸神戸店。神戸銀行本店（現・三井住友銀行神戸営業部）を挟んで、扇型のビルは旧神戸証券取引所で、この当時は米軍が接収中で、屋根には大きな十字のマークが見える。

昭和 **27** 年 (1952)

提供：朝日新聞社

花隈

はなくま

花隈：開業年▶昭和43（1968）年4月7日　所在地▶神戸市中央区北長狭通6丁目　ホーム▶2面2線（地下駅）　乗降人数▶3,751人　キロ程▶33.6km（梅田起点）、神戸三宮から1.3km

神戸高速鉄道の駅として開業。現在は阪急神戸高速線の駅に
モダン寺・本願寺神戸別院の最寄り駅。阪神は南西側に西元町駅

　花隈駅は昭和43（1968）年7月、神戸高速鉄道の開通時に開業している。この神戸高速鉄道は東西線（現在は阪急神戸高速線・阪神神戸高速線）と南北線を有し、阪急・阪神・山陽電鉄・神戸電鉄などの路線を結び、相互乗り入れを行う目的をもっていた。このうち、阪急神戸高速線は神戸三宮駅と新開地駅を結んでいる。なお、並行する阪神神戸高速線に花隈駅はなく、南西側に西元町駅が置かれている。

　阪急神戸高速線はほとんどが地下区間であり、この花隈駅も地下駅である。地下2階に相対式2面2線のホームを有し、地下3階に連絡通路がある。2か所ある改札口のうち西改札口は地上、東改札口は地下1階にある。また、この花隈駅の東側では地上区間となっている。

　花隈駅の西側には、「モダン寺」の愛称で神戸市民に親しまれている本願寺神戸別院が存在する。この寺院は寛永16（1639）年に創建された善福寺を前身とし、大正6（1917）年に本堂が焼失した後、昭和4（1929）年にインド式を取り入えたモダンな寺院となった。現在の建物は平成7（1995）年に改築されている。また、それ以前、この地には花隈城があったとされ、織田信長が荒木村重と戦った際に荒木方の城が落城し、廃城となっている。

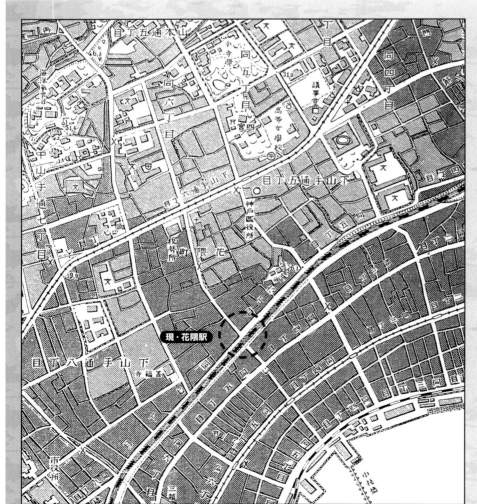

花隈から先、新開地から近い湊川トンネルの下をくぐる神戸市電。この付近には神戸電鉄の湊川駅があり、市電と接続する神戸電鉄のターミナル駅だった。

昭和7年（1932）

花隈周辺

　昭和7年の地図であり、国鉄東海道線には元町駅は置かれておらず、神戸高速鉄道の花隈駅も存在しない。地図の右上（北東）には、生田中学校、兵庫県庁、県議事堂などが見える。その北西に見える小寺邸は小寺泰次郎氏の邸宅で、現在は神戸市の都市公園・日本庭園「相楽園」となっている。その南側に見える神戸区役所は現在の生田区の前身のひとつ、神戸区の区役所である。一方、左上（北西）の宇治野山には神戸海洋気象台が見える。明治29年、前身の兵庫県神戸測候所が誕生し、後に日本初の海洋気象台となった。平成11年に神戸防災合同庁舎に移転して、現在は神戸地方気象台となっている。

こうそくこうべ
高速神戸

高速神戸：開業年▶昭和43（1968）年4月7日　所在地▶神戸市中央区多聞通4丁目　ホーム▶2面4線（地下駅）　乗降人数▶13,701人　キロ程▶34.5km（梅田起点）、神戸三宮から2.2km

神戸高速線▶花隈、高速神戸

昭和43年4月、神戸高速鉄道の駅開業により阪急と阪神が停車
東側には明治7年開業のJR神戸駅。東海道線・山陽線の起終点

　阪急の花隈駅、阪神の西元町駅を出たそれぞれの列車は、両線の共同使用駅である高速神戸駅に到着するが、隣りの花隈駅とは0.9キロメートル、西元町駅とは0.7キロメートルの至近距離に位置している。この駅を含む路線（東西線）を神戸高速鉄道が第三種鉄道事業として有し、阪神と阪急は第二種鉄道事業者として駅などを使用している。

　高速神戸駅の開業も新開地駅と同じ昭和43（1968）年4月である。同じ地下駅であり、島式2面4線のホームを有している。4線のうち、阪急は奇数、阪神は偶数のホームを利用している。改札口は東西2か所にある。平成7（1995）年1月の阪神・淡路大震災発祥後は一時、営業休止となっていた。

　その名前の通り、高速神戸駅は約200メートル東にあるJRの神戸駅と連絡している。神戸駅は東海道線の起終点であり、山陽線との接続駅でもある。現在はすぐ東側に神戸市営地下鉄湾岸線のハーバーランド駅もある。

　高速神戸駅の北東、地上を通る多門通りに面して湊川神社が鎮座しており、かつては神社の門前が、神戸市電とのツーショットを得る絶好の撮影ポイントだった。南北朝時代の武将、楠正成を祀る湊川神社は庶民の信仰が篤く、特に昭和戦前期には多くの参詣者が訪れた歴史をもつ。

昭和30年（1955） ビルが少なく瓦屋根の家屋が続く神戸市内を、東海道線の蒸気機関車が白煙を吐きながら走る。列車が通過する高架下の道路（多門通）には神戸市電が走っており、まだ自動車の数は少なかった。

撮影：亀井一男

新開地

しんかいち

新開地：開業年▶昭和43（1968）年4月7日　所在地▶神戸市兵庫区水木通1丁目　ホーム▶2面3線（地下駅）　乗降人数▶13,904人　キロ程▶35.1km（梅田起点）、神戸三宮から2.8km

湊川の付け替えでできた新開地は、阪急の第二種鉄道（神戸高速線）の終点 聚楽館、神戸タワーが存在した神戸一の繁華街・オフィス街の歴史

　この新開地は近代都市となった神戸の変遷を見守ってきた街でもある。かつては、神戸一の繁華街・オフィス街であり、聚楽館（劇場）や神戸タワーが存在した。その歴史は明治期の新湊川の開削による、旧湊川の埋め立てに遡り、神戸電鉄の湊川駅より下流が「新開地」と名付けられた。新開地の交差点には、神戸市電の停留場（三角公園）があり、交通の要地でもあったが、現在の新開地駅が誕生したのは、昭和43（1968）年4月と、歴史が浅い。

　この新開地駅では高速神戸駅から来た東西線（阪急・阪神）と湊川駅から来た南北線（神戸電鉄）が接続する。隣りの高速神戸駅とはわずか0.6キロメートル、湊川駅とはさらに短い0.4キロメートルしか離れていない。駅の構造は地下1階が神戸電鉄、地下2階が阪急と阪神の乗り場（ホーム）である。神戸電鉄のホームは頭端式2面3線であるのに対し、阪急と阪神は島式2面3線のうち、1線は2・3番ホームとして共有するため、4番乗り場まである。

　この新開地駅も平成7（1995）年1月に発生した阪神・淡路大震災で被災し、東西線、南北線ともに普通になった。2月に東西線の新開地〜花隈間の運転が再開、6月に南北線も再開された。東西線の新開地・高速長田間は8月にようやく運転再開となった。

昭和43年（1968）

山陽電鉄の電鉄須磨（現・山陽須磨）駅に入線する阪急の乗り入れ車。阪急の8両編成統一化などの理由から山陽電鉄への乗り入れは平成10（1998）年に廃止された。
所蔵：フォトパブリッシング

昭和43年（1968）

真新しい装いの新開地駅のホームに阪急の直通特急が停車している。2番ホームには西代行き「普通」の表示がある。
提供：阪急電鉄

COLUMN

市町史に登場する阪急電鉄②

「神戸市史」より抜粋

　大正9年7月の阪急による神戸（上筒井）－十三間の開通により、神戸と大阪を結ぶ鉄道は3本になった。阪急の前身は明治43年3月に梅田－宝塚間および石橋－箕面間の路線で営業を開始した箕面有馬電気軌道である。同社は開業3ヵ月後の6月に、わが国初の分譲方式で本格的郊外住宅地である池田宝町地域（二百筆）を販売したのをはじめ、11月には箕面動物園（大正5年閉鎖）、翌年5月には宝塚新温泉を開業させるなど、その積極的な事業展開から現在の各大手私鉄グループ経営スタイルの祖とされている。

　阪急神戸線は当初から高速運転を狙った設備を備え、神戸側にターミナルが上筒井という都心部から離れた場所で、また、市内各地へは市電への乗継ぎが必要とはいえ、梅田－上筒井間を50分で走破した（阪神は滝道まで63分）。また、大正8年12月には神戸市内延長線（地下線）軌道敷設特許を取得していた。

　この開通は当然のことながら並行した路線を持つ阪神に大きく影響した。大正前半まで阪神は先発企業として優位な立場にあったが、昭和はじめには資本金も営業規模も両者ほぼ肩を並べるまでになった。その後、両社は競いあうように互いに支線を開設していった。

　　（中略）

　ところでこのころに、阪急、兵電（後、宇治電[後述]）も都心部への乗り入れを計画していた。神戸市区改正委員会は大正8年11月、阪急による三宮町3丁目（鯉川筋周辺）までの延長申請に対して、地下式であれば問題はないとし、市会もこれを承認した。しかし、地下式の条件付与に対して阪急は高架を希望し、以後神戸市側と中央政界も巻き込んだ抗争がおこなわれることになった。結局一貫して反対の立場を鮮明にしてきた市会が、初の普選市議選となった昭和4年4月の市会議員選挙の後に高架化やむなしと変わり、同年6月、高架変更計画が許可された。そして11年4月に西灘（現王子公園）－神戸（現三宮）間の高架線が開通し、ようやく阪急は神戸の中心部まで乗り入れることとなった。これに伴い、西灘－上筒井間は上筒井線として残ったが、昭和15年5月、同線は廃止された。

駅ビル建設の動き

　鉄道に利用客を集めるため、また集まった利用客のニーズに応えるためターミナル駅に駅ビルを建てるという発想は必ずしもわが国独特のものではない。しかし、このような発想を昇華させ産業としての都市型私鉄経営を成立させ、現在まで維持しつづけているのはわが国独自のものである。その嚆矢とされる阪急は、神戸線を開通させた大正9年11月に梅田に阪急ビル（旧館）を建て、1階を白木屋に賃貸し、2階を直営食堂とした。さらに昭和4年3月には梅田阪急ビル第1期工事を竣工させ、4月から同所で阪急百貨店を開店した。

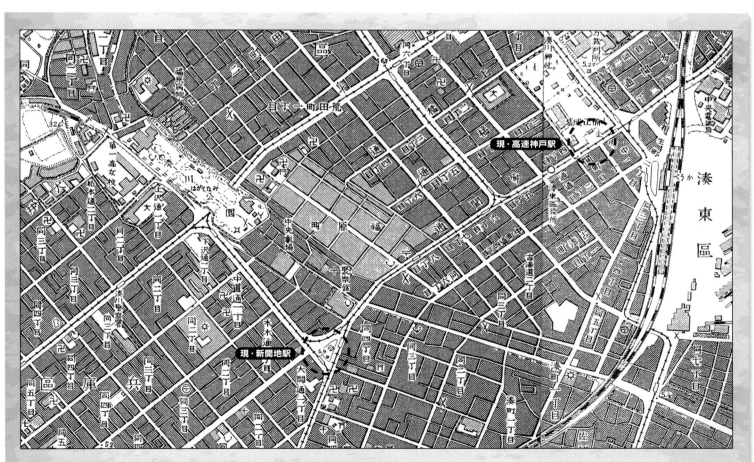

昭和7年（1932） 高速神戸、新開地周辺

　地図の右（東）側には、国鉄東海道線・山陽線の接続点である神戸駅があり、その西側の湊川神社の門前を多聞通が通っている。この当時、神戸市電が走っていたこの通りの地下を、現在は神戸高速鉄道が延び、この先に高速神戸、新開地駅が置かれている。この多聞通から湊川公園に続く一帯（新開地）は当時、映画館や劇場が建ち並んでおり、地図には聚楽館、中央劇場が記載されている。地図の左上（北東）、湊川公園の南西から延びているのは神戸電鉄で、神戸高速鉄道の開通前までは、この湊川駅が神戸電鉄のターミナル駅だった。

いなの、しんいたみ

稲野、新伊丹

稲野：開業年▶大正10（1921）年5月10日　所在地▶兵庫県伊丹市稲野町1-50-1　ホーム▶2面2線（地上駅）　乗降人数▶7,200人　キロ程▶1.4km（伊丹起点）
新伊丹：開業年▶昭和10（1935）年3月1日　所在地▶兵庫県伊丹市梅ノ木2-4-1　ホーム▶2面2線（地上駅）　乗降人数▶7,154人　キロ程▶2.2km（伊丹起点）

阪急伊丹線には稲野駅、JR福知山線には猪名寺駅が存在する
新伊丹駅は昭和10年3月の開業。阪神・淡路大震災後は一時、終着駅に

　稲野駅は伊丹線の開業当時には設置されず、翌年の大正10（1921）年5月に開業した。現在は伊丹市稲野町にあるが、当時は川辺郡稲野村であった。昭和15（1940）年11月に稲野村と伊丹町が合併し、伊丹市の一部となった。

　阪急伊丹線の東側を走る福知山線（JR宝塚線）には猪名寺駅が置かれている。こちらは昭和56（1981）年4月に新設された駅で、尼崎市猪名寺2丁目にある。この付近には猪名川が流れ、上流にさかのぼれば南東郡に猪名川町も存在する。古来、この猪名川流域は「猪名野」と呼ばれる歌枕の地でもあった。これが転じて「稲野」になったとされる。

　稲野駅の構造は、相対式2面2線のホームを有する地上駅である。改札口は上下線にそれぞれあるが、ホーム間に跨線橋などはない。以前は構内踏切が利用されていたが、現在は廃止されている。

　新伊丹駅は、稲野駅よりも遅い昭和10年3月の開業で、両駅間の距離はわずか0.8キロメートルである。当時、阪急が沿線住宅地を開発して「新伊丹住宅」を売り出すために新駅を開設したことによる。新伊丹駅の構造は、相対式ホーム2面2線を有する地上駅である。平成7（1995）年の阪神・淡路大震災では、伊丹駅が被災したため、一時はこの駅が終着駅となり、その後は伊丹仮駅まで運行されていた。

昭和26年（1951）
神戸線の支線である伊丹線で活躍していた90系92号が稲野駅から新伊丹駅に向かって発車したところ。写真当時はまだ木造車時代の車体を残していた頃で、明治から大正時代の木造電車の匂いが残っていた電車であったが、後に車体更新が行われ、昭和40年代まで活躍した。

撮影：高橋 弘

伊丹線 ▶ 稲野、新伊丹

昭和63年（1988）
伊丹線の塚口駅に到着する1010系普通電車。塚口駅を出発した電車は急カーブを曲がって伊丹駅に向かっていた。当時はすでに1010系が冷房改造された後で、屋根の独特なルーバー式ベンチレーターは無く、冷房装置が搭載されている。

撮影：岩堀春夫

昭和27年（1952）
神戸線の支線である伊丹線で活躍する90系96号。元加越鉄道の客車を改造した車輌で昭和15年に支線用に購入された車輌で、電車に改造の上で支線運用に付くようになった。廃車は他の90系シリーズと同時期に行われている。

撮影：荻原二郎

電話ボックスとレトロカーが見える昭和時代の稲野駅前。小さな家のような駅舎の外観は、今もあまり変わっていない。

昭和41年（1966）

撮影：高橋 弘

COLUMN　市町史に登場する阪急電鉄③

「尼崎市史」より抜粋

京阪神急行電鉄株式会社社長宛
伊丹・塚口線延長実施其他要望に関する件
貴社愈々御隆昌に渉らせらるゝことは邦家の為め慶賀の至りに存ずる次第であります
既に本市は数年前立花・武庫・大庄3村を合併し、今般更に園田村を合併し広大なる市域を擁するに至り貴社との関係も愈々密接なるに至り、特に北部方面の東西交通機関として貴社に対しては深く感謝すると共に多大なる期待を有するものであります
然るに本市南北交通機関は極めて不完備にして僅かに省線福知山線の支線を有するに過ぎず、到底激増する南北交通に応じ得ざる実情でありまして特に先年工員通勤用として
「伊丹・塚口線を阪神尼崎駅に延長方の件」
に関しては県当局の慫憑もあり、汽車に於かれても其の必要性を御認識せられ既に諸般の準備に着手せられたる所でありましたが、終戦のため一時頓挫の状態に立至りました
然し乍ら戦争は敗戦に依り終結したりと雖も今更めて平和国家として再建の途上に在り、之れが再建には生産の再開拡充は最も重要なる所であります
幸ひ本市は戦争に依り罹災を蒙りたる率は比較的僅少にして復興も愈々軌道に乗るに至り、生産再開をなる会社・工場も続出するに至りました
茲に本市復興の新なる立脚点に於て南北交通の重要なるを一層痛感するものであります、即ち戦争中住宅関係にて北方に移動したる住民及会社・工場従業員の交通の問題でありまして、伊丹・塚口線延長に期待する所多大なるものであります
次に園田村の合併に依り東西線に於ても園田・塚口両停留所間は遠き間距に過ぎ、中間には特に市役所出張所在りて会社・工場並に附近住民に於ては甚だしき不便を感ずるものでありますが故に
園田・塚口両停留所の中間に停留所を設置せられ度き事
及右両停留所は本市内となりたる為め駅名適当はえざるに付き、他所より来住する者不便著しきを以て尼崎市内なる事を認識せしめ易き様
両停留所の名称を適当に改称せられ度き事
以上3件は孰れも本市住民及び会社・工場の熱心なる要望にして本市会に於ても特に要望する処でありますから、貴社に於かれても事情十分御認識の上急速に御実施相成る様御配慮を賜り度く、茲に本市を代表して要望を申上ぐる次第であります

いたみ
伊丹

伊丹：開業年▶大正9（1920）年7月16日　所在地▶兵庫県伊丹市西台1-1-1　ホーム▶1面2線（高架駅）　乗降人数▶24,635人　キロ程▶3.1km（伊丹起点）

伊丹線の終着駅・伊丹は、昭和43年11月に移転して高架駅に
阪神・淡路大震災では駅舎が被災、伊丹〜新伊丹間は休止になった

　伊丹線の終着駅である伊丹駅は、大正9（1920）年7月に開業。このときは現在地より約150メートル南東に位置していた。昭和43（1968）年11月、高架化により現在地に移転している。現在の駅は頭端式1面2線の高架駅で、地上5階建ての駅ビル「Reita（リータ）」の3階部分にホームがある。

　平成7（1995）年1月の阪神・淡路大震災発生前の駅は島式ホーム2面3線＋未成線1線の構造で、これは宝塚方面への延伸計画があったためである。この大震災で伊丹駅は大きな被害を受け、伊丹〜新伊丹間が休止となった。その後、3月に現在の駅から南へ約400メートル離れた場所に仮駅を設け、運転を再開した。現在の駅が再建、復旧したのは平成10年11月のことである。

　阪急の伊丹駅の約600メートル東側には、JR福知山線の伊丹駅が存在する。こちらは、明治24（1891）年9月、川辺馬車鉄道の駅として開業し、摂津鉄道、阪鶴鉄道を経て、国鉄の駅となった。両駅の間には兵庫県道13号が南北に走っている。伊丹市役所は阪急の伊丹駅から少し離れた北西にあり、付近には伊丹市消防局、伊丹警察署も置かれている。

昭和41年（1966）

昭和43年に移転・改築される前、地上駅だった頃の伊丹駅。地上とは少し段差のある広い改札口の姿には、歴史のある終着駅である貫禄を漂わせている。

撮影：荻原二郎

平成7年(1995)

伊丹線 ▶ 伊丹

撮影:岩堀春夫

伊丹駅が阪神・淡路大震災時の被災で駅立て替えのためにそれまでの間使用された仮駅時代の伊丹駅に到着した3000系。高架駅であった伊丹駅は高架部分からすべて建て替えが必要で、仮駅は高架線が始まる手前に設置された。

昭和46年(1971)

所蔵:上野又勇

伊丹飛行場(大阪国際空港)は昭和14年に「大阪第二飛行場」として開設。伊丹市、豊中市、池田市にまたがっている。

平成7年(1995)

撮影:岩堀春夫

阪神・淡路大震災時に倒壊した伊丹駅の代わりに、新伊丹駅と伊丹駅間に作られた仮駅時代の伊丹駅。阪神・淡路大震災までの伊丹駅は、新伊丹駅から上り坂を登り、2ホームは3線の高架駅で終点となっていた。

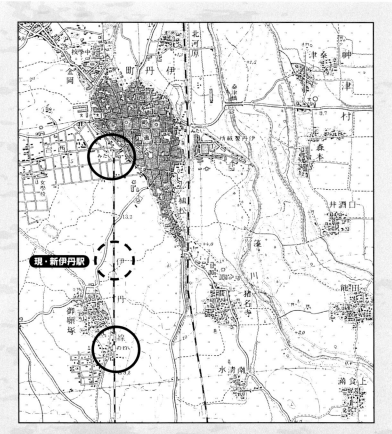

昭和4年(1929) 稲野〜伊丹周辺

塚口駅から北に延びる伊丹線の沿線の地図である。新伊丹駅は昭和10年の新設駅のため、地図上には記載されていない。東側を並行して走る国鉄福知山線には、伊丹駅が存在している。さらに東側には、藻川(猪名川)の流れがある。阪急、国鉄の伊丹駅の間には、伊丹の市街が広がっている。また、国鉄伊丹駅の東側、桑津橋の南には伊丹製絨所が存在し、現在はこのあたりにイオンモール伊丹が誕生している。阪急伊丹駅の西側に見える女学校は、現在の県立伊丹高校の前身のひとつ、県立伊丹高等女学校であり、北側にある中学校は同じく伊丹高校の前身のひとつ、県立伊丹中学校(旧制)である。

昭和43年に移転して高架駅となった阪急の伊丹駅。この当時の駅・ホームは、現在より南東に位置していたことがわかる。東側に見える、伊丹ショッピングデパートの西隣の場所は現在、駅前広場、バスターミナルに変わっている。駅を囲んで、阪神相互銀行、尼崎信用金庫、三和銀行、協和銀行などの支店(ビル)が点在している。

昭和47年(1972)

提供：朝日新聞社

今津、阪神国道

いまづ、はんしんこくどう

今津：開業年▶大正15（1926）年12月18日　所在地▶兵庫県西宮市津門呉羽町1－37　ホーム▶1面2線（高架駅）　乗降人数▶25,385人　キロ程▶9.3km（宝塚起点）
阪神国道：開業年▶昭和2（1927）年5月10日　所在地▶兵庫県西宮市津門大塚町8－18　ホーム▶2面2線（高架駅）　乗降人数▶2,299人　キロ程▶8.6km（宝塚起点）

阪急今津線の起終点駅・今津は、阪神本線の今津駅と接続
昭和2年5月、阪神国道（国道2号）の北に隣接して駅を設置

　阪急今津線の起終点駅である今津駅は、阪急の他線ではなく、阪神本線の今津駅と接続している。両駅の歴史はほぼ同時で、昭和へと元号が変わる直前の大正15（1926）年12月18日、今津線の延伸により阪急の駅が開業。当初は仮駅舎だった。一方、阪神の今津駅は翌日（19日）に開業している。もっとも、阪神本線には、現在の久寿川駅が明治38（1905）年4月に初代今津駅として開業しており、こちらは二代目の今津駅である。

　阪急の今津駅は、昭和3（1928）年に阪神の今津駅横に移転して本駅舎が完成した。平成5（1993）年5月に約200メートル北側の現在地に移り、仮設ホームが使用されていたが、平成7年1月の阪神・淡路大震災で被災し、12月に高架駅への切り替えが行われた。その後、阪神の今津駅も高架化され、連絡する歩道橋で結ばれている。阪急駅は、島式ホーム1面2線を有する構造である。

　阪神国道駅は、今津線開業の翌年である、昭和2年5月に開業している。駅名の「阪神国道」は、付近を通る国道2号（阪神国道）に由来し、阪急の社名も以前は「阪神急行電鉄」であった。駅の構造は相対式ホーム2面2線を有する高架駅で、今津駅との距離はわずか0.7キロメートルである。

阪神今津駅ホームから見た810系。南北に走る今津線は、地上駅時代は阪神電車に突き当たる所まで南下して90度東に方向転換して、阪神の今津駅と並ぶ形で終点となっていた。

今津線の南側の終点となる今津駅駅舎。駅舎自体に駅名板が掲示されていないのが特徴であった。またこの当時は阪神電車の今津駅とは並んだ状態で駅があり、阪急電車と阪神電車の乗り換えにも便利であった。

終点今津駅から顔を出した920系。阪神電車側の駅舎には駅名板が掲示されていたのが分かる。これは乗降の乗る側の駅舎のみに駅名板が掲示されていたからだと思われる。この当時すでに920系もシールドビーム2灯化が行われていた。

阪急今津駅に停車する800系。地上駅時代は阪神電車と並んだ状態の終点で、今津線は南に来て今津駅直前で90度に直角に曲がり終点となっていた。また、ホームも両側にある駅で、阪神電車側にもホームがあったが柵が設置されていた。

昭和48年(1973) 今津線を走る610系5連の普通電車。電車は今津〜阪神国道間にある高架橋の築堤を駆け上がるところで3M2Tの高出力で走っている。610系は初期の1編成のみ先頭車が非貫通で登場している。
撮影:岩堀春夫

昭和48年(1973) 阪神国道駅の駅舎風景。高架橋の上に駅が設置されており、駅舎自体は高架橋の下側にあった。重厚なガーダー橋にコンクリートの橋台の下側に駅舎があったので、駅を降りると目の前に国道が見える。

今津線 ▶ 今津、阪神国道

昭和43年(1968) 阪神国道駅に到着する610系普通電車。当時、今津線の電車は今津〜宝塚間を直通運転もしくは西宮北口〜宝塚間の普通電車での運転であった。現在は西宮北口〜今津間の3駅のみの運転となっている。
提供:西宮市

阪神国道(国道2号)の反対側から阪神国道駅を望む。昭和の時代を感じさせる。

昭和48年(1973)
撮影:岩堀春夫

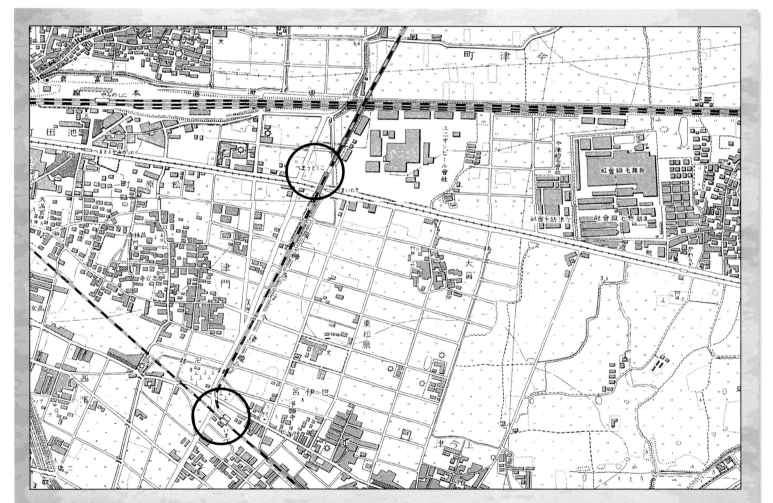

昭和4年(1929) 今津〜阪神国道周辺

　阪神本線の今津駅付近から北東に延びる、阪急今津線には今津駅、阪神国道(国道前)駅が置かれている。この阪神国道駅は、現在は廃止された阪神国道線の北今津駅と連絡しており、北側の国鉄東海道線には約500メートル西側に西宮駅が存在する。この当時、阪神国道駅の東側には、現在のアサヒビールの前身のひとつ、ユニオンビール会社があった。今津駅の東側には浄願寺があり、その北に見える「文」の地図記号は、西宮市立津門小学校である。現在は、地図の東側に名神高速道路が走り、南側に西宮インターチェンジが設けられている。

もんどやくじん
門戸厄神

門戸厄神：開業年▶大正10(1921)年9月2日　所在地▶兵庫県西宮市下大市東町1-22　ホーム▶2面2線(地上駅)　乗降人数▶22,584人　キロ程▶6.4km(宝塚起点)

駅名の由来は門戸厄神東光寺。厄除けの寺院として関西では有名
神戸女学院大学、聖和大学キャンパスには、ヴォーリスの名建築が残る

　西宮北口駅を境にして、列車の運転が今津北線と今津南線に分れている今津線。西宮北口駅から北に向かう列車の最初の停車駅が門戸厄神駅である。

　門戸厄神駅は、大正10(1921)年9月、今津線の前身である西宝線の駅として開業した。門戸厄神駅の構造は、相対式ホーム2面2線を有する地上駅。かつては構内踏切が設けられていたが、現在は地下道により上下線のホームが結ばれている。

　駅名である「門戸厄神」は、厄除けの神様として関西では有名な、門戸厄神東光寺の門前駅であることから名付けられた。この東光寺は、高野山真言宗の別格本山で、天長6(829)年に嵯峨天皇の勅願で、空海が開基したと伝わる。本尊は薬師如来で、あらゆる災厄を打ち払うとされる厄神明王像(両頭愛染明王像)を祀る厄神堂がある。また、数え年13歳の子どもが虚空蔵菩薩に詣でる寺としても知られ、毎年1月18・19日に行われる厄除大祭は、多くの参詣客で賑う。

　現在は、門戸厄神駅の北西にあるこの東光寺付近に、大学や高校のキャンパスが複数誕生している。神戸女学院大学や聖和大学のキャンパスには建築家、ウィリアム・メレル・ヴォーリスによる歴史的な建築物(校舎)が残されている。

昭和42年(1967)

昭和42年に西国街道(国道171号)との立体交差が完成した、門戸厄神駅の空撮写真である。相対式2面2線の門戸厄神駅ホームは、左上(北東)に見える。この駅の周辺は現在も住宅が多く建っている。

提供：朝日新聞社

駅前に緑の木々が繁っていた頃の門戸厄神駅であり、改札口の右側にはシャッターの降りた臨時の改札口がのぞいている。郊外の門前駅という雰囲気を漂わせる駅前風景である。

提供：阪急電鉄

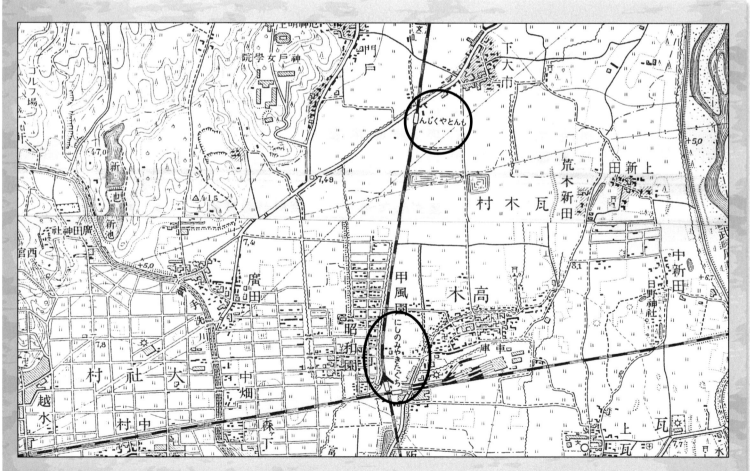

昭和4年（1929）　門戸厄神周辺

この当時、門戸厄神駅の東側一帯は瓦木村であり、西側は大社村だった。瓦木村は昭和17年、大社村は昭和8年に西宮市に編入されている。地図の右（東）側には武庫川の流れが見え、左（西）側には廣田神社、新池がある。この廣田神社付近には現在、広田山公園や市営大社町住宅が誕生している。また、門戸厄神駅の北西には、神戸女学院の文字が見える。ここには現在、神戸女学院大学、神戸女学院中学部・高等学部などが集まる岡田山キャンパスが広がり、その北側には関西学院大学西宮聖和キャンパスも誕生している。

甲東園

こうとうえん

甲東園:開業年▶大正11(1922)年6月1日　**所在地**▶兵庫県西宮市甲東園1-204　**ホーム**▶2面2線(地上駅／橋上駅)　**乗降人数**▶31,677人　**キロ程**▶5.4km(宝塚起点)

「西宮七園」のひとつ甲東園は、甲山の東にあった果樹園に由来
大正11年6月、小林～門戸厄神間に開業。かつては甲東村が存在

甲東園駅は、西宝線開業後の大正11(1922)年6月、小林～門戸厄神間に開業した。このときには仁川駅は存在せず、翌年12月に開業して隣駅となった。「甲東園」という駅名は、「西宮七園」のひとつである「甲東園」に由来する。この西宮七園は、西宮市にある7つの高級住宅地で、大正、昭和初期に阪急、阪神の沿線各地に開発された。この甲東園をはじめとして、甲子園、甲陽園、甲風園という4つの「甲」の文字がついた場所があり、このうち年号(干支)から採った甲子園以外の名称は、西宮北西部にある甲山に由来する。

明治22(1889)年、町村合併により武庫郡に甲東村が誕生し、この付近の大地主となった大阪の豪商、芝川家らが果樹園を開園し、「甲東園」と呼ばれるようになった。芝川家は、この地に別荘を設け、住宅開発を行うこととなる。そのため、阪急に土地を無償で提供し、甲東園駅が誕生した。芝川家の別荘「芝川邸」は阪神・淡路大震災で被災し、解体された後、愛知県の明治村に移築されて現在は一般公開されている。

甲東園駅の構造は、相対式ホーム2面2線をもつ地上駅で、橋上駅舎を有している。この駅舎も阪神・淡路大震災で被災し、平成10(1998)年4月に新しい駅舎となった。駅周辺は、関西有数の高級住宅地となっている。

昭和43年(1968)

橋上駅舎に変わる前の甲東園駅の駅前風景。中央付近のバスと自動車の先には、駅舎やホームの下をくぐる地下通路があった。

提供：西宮市

今津線 ▶ 甲東園

昭和46年(1971)

甲東園～門戸厄神間を走る610系と600系の併結編成。600系は戦前の神戸線に投入された全金属製の電車で、当時は安心安全の電車として人気を博していた。末期は600系の4連でも使用されたほか、610系との併結運転でも使用された。

撮影：岩堀春夫

阪神間の5本目の路線（当時はまだ阪神国道線があったため）となる山陽新幹線の工事が行われていた頃の甲東園駅付近の風景。高架橋を建設している頃で、開通は昭和47年の岡山開業であった。

昭和48年(1973)

門戸厄神～甲東園間を走る610系と600系の併結編成。今津線はほぼ今津～宝塚間を南北に直線で走っている。甲東園付近は山陽新幹線との立体交差がある区間で、運が良ければ新幹線と阪急電車のコラボが見られる。

撮影：岩堀春夫

昭和46年(1971)

撮影：岩堀春夫

昭和4年(1929)
甲東園～仁川周辺

地図の北側には、武庫川の支流のひとつ、仁川の流れがあり、阪急今津線に仁川駅が置かれている。一方、地図の南側には甲東園駅があり、現在はその南側、西国街道、甲武橋との間を、現在は山陽新幹線が通っている。この新幹線は、西側の(上)甲東園付近で、トンネル区間となる。地図の左下（南西）、「卍」の地図記号と厄神明王の文字があるのは、今津線の門戸厄神駅の駅名の由来となった、門戸厄神東光寺である。仁川駅の南西には、関西学院の文字が見え、現在は関西学院大学西宮上ヶ原キャンパスとなっている。また、駅の北東には現在、「仁川」の愛称で知られる阪神競馬場が存在している。

にがわ

仁川

仁川：開業年▶大正12（1923）年12月28日　所在地▶兵庫県宝塚市仁川北3－3－5　ホーム▶2面2線（地上駅）　乗降人数▶23,667人　キロ程▶4.5km（宝塚起点）

仁川の流れは、西宮市と宝塚市の境界線。駅は大正12年12月に開業 桜花賞、宝塚記念の大レースが開催される阪神競馬場の最寄り駅

　甲東園駅と仁川駅の距離は、わずか0.9キロメートルであるが、その間には仁川が流れ、西宮市と宝塚市に境界になっている。この仁川の上流には、阪急仁川テニスクラブ、甲山キャンプ場などがあり、仁川渓谷（仁川ピクニックセンター）はだれでも気軽に楽しめるハイキングコースとなっている。「仁川」を含む地名は、宝塚市に「仁川台」など、西宮市に「仁川町」とそれぞれが存在する。

　仁川駅の開業は大正12（1923）年12月である。現在の駅の構造は、相対式2面2線、単式1面1線のホームを有している。単式ホームは降車専用の臨時ホームで、昭和47（1972）年に新設された。

　この臨時ホームや臨時改札口が存在することでわかるように、仁川駅は北東にある阪神競馬場の最寄り駅となっている。阪神競馬場は、もともと鳴尾浜にあった阪神競馬倶楽部（鳴尾競馬場）が戦後、仁川に移転してきたもので、ここには戦前、川西飛行機宝塚製作所があった。昭和24（1949）年にスタンドが竣工し、その後に厩舎なども整備された。現在では淀の京都競馬場とともに、関西における日本中央競馬会（JRA）の二大競馬場となり、桜花賞や宝塚記念などの大レースが開催されている。

撮影：岩堀春夫

仁川～小林間を走る920系4連の普通電車。920系は全車運転台付き車輌で登場したが、昭和30年代の更新工事により一部車輌で運転台の撤去が行われ、完全な中間車も登場している。

仁川のほとりにある踏切から、川越しに眺めた仁川駅のホーム。この頃は、相対式ホーム2面2線の構造で、昭和47年にもう1面1線のホームが増設された。さらに昭和52年には宝塚寄りに地下道を増設した。

市町史に登場する阪急電鉄④

COLUMN

「宝塚市史」より抜粋

　神戸線を開通させた阪急電鉄はすでに許可を得て、明治45年以来企画をすすめていた西宮－宝塚間の路線敷設工事を急ぎ、大正10年9月2日に西宮北口－宝塚に単線が開通し、翌11年4月1日に複線の開通となった。この西宝線の開通当初、西宮北口－宝塚間には、まだ門戸厄神・小林の2駅しか設けられていなかったが、新しく11年から12年にかけて、甲東園・仁川・逆瀬川・宝塚南口の各駅が設けられた。

　さらにつづいて、西宮北口－宝塚間を結んでいた西宝線は、南の方へ延長工事がつづけられ、大正15年12月18日に西宮北口－今津間が開通した。この結果、西宝線は今津線と改称された。しかし現在のように阪神電車本線と今津駅で連絡する工事が完成したのは昭和3年4月1日のことである。これによって、これまで大阪－神戸間を東西に並行して走っていた阪神・阪急両電鉄が今津駅で連絡されると同時に、阪神間が南北に電車で結ばれていった点も見逃すことができないであろう。

　このようにして大正9年の神戸線の開通と、同年の伊丹・塚口間の伊丹線につづいて、大正10年の西宮北口・宝塚の西宝線、大正13年の夙川・甲陽園の甲陽線、昭和3年の今津・西宮北口間の延長によって今津線が開通し、阪神間の高速連絡を達成した。輸送量は飛躍的に増加し、一挙にローカル遊覧線から大都市間電気鉄道への発展を示した。それと同時に会社経営の充実をはかるため、専務取締役の小林一三が昭和2年取締役社長に就任し、従来にもまして経営の拡充発展につとめたのである。それは宝塚にとって新しい発展を約束する画期となったのである。

COLUMN

鹿塩駅

　戦時中の昭和18年、現在の阪神競馬場の場所には川西航空機宝塚製作所があった。そこに勤務する工員らの乗降の便宜を図るため鹿塩駅を開設。朝・夕のみ利用できた。しかし昭和20年の空襲により工場は爆撃を受け、同年鹿塩駅は廃止された。わずか2年間だけの駅であった。

おばやし

小林

小林：開業年▶大正10（1921）年9月2日　所在地▶兵庫県宝塚市千種2－1－1　ホーム▶2面2線（地上駅）　乗降人数▶9,136人　キロ程▶2.8km（宝塚起点）

小林駅の所在地は宝塚市千種、駅の東側は小林1～5丁目に小林聖心女子学院がある閑静な住宅地。かつては鹿塩駅があった

　この小林駅は大正10（1921）年9月、西宝線の開通時に開業している。駅名の読み方は「おばやし」で、駅の東側には小林1～5丁目などの地下が広がっているが、駅の所在地は宝塚市千種2丁目である。駅の構造は、相対式ホーム2面2線を有する地上駅である。改札口は東西2か所存在するが、駅舎は上り線（東側）にある東口だけであり、西口は自動改札機のみとなっており、両ホームは跨線橋で結ばれている。

　小林駅が誕生した当時は、宝塚市の成立以前の武庫郡良元村で、それ以前は小林村が存在していたが、明治22（1889）年に鹿塩村などと合併して良元村となっていた。昭和29（1954）年に宝塚町と合併して宝塚市となったが、合併前の最後の村長は、関西で最初の女性村長となった俳人の岡田幾（指月）である。

　今津線には、小林駅の南に一時、鹿塩地区に鹿塩駅が置かれてきた歴史がある。現在の阪神競馬場のある場所に存在した軍需工場、川西飛行機製作所宝塚製作所に勤める工員らのための駅で、昭和18年12月から昭和20年9月にかけて設置されていた。その場所は、現在の金龍寺あたりで、相対式ホーム2面2線の構造だったとされている。

平成3年（1991）

小林～仁川間を走る3000系。当時は宝塚駅の高架化駅化のため、今津線が宝塚南口駅間で折り返していた頃。行き先板は西宮北口～宝塚南口間となっている。仁川付近は少し山沿いを走っており、風情があるところであった。

撮影：岩堀春夫

今津線 ▶ 小林

平成3年(1991)

小林〜仁川間を走る7000系。正月輸送時で貫通扉には初詣の看板が掲げられており、車輌番号が判別出来なくなってしまっている。貫通扉に看板を掲げるようになったのは標識灯が腰下に移動され、行き先看板かけがなくなったためである。

小林〜仁川間を走る6000系の普通電車。すでに今津線は西宮北口駅での南北分離化後で方向幕も西宮北口-宝塚となっている。編成も2輌の増結編成に4輌編成の合計6輌編成の組み合わせとなって活躍していた頃である。

撮影：岩堀春夫

平成3年(1991)

昭和55年(1980)

提供：阪急電鉄

昭和52年に改築された小林駅。ホーム間は跨線橋で結ばれており、この東口駅舎とともに、跨線橋の上には西口改札が設けられている。

撮影：岩堀春夫

昭和4年(1929)

小林〜逆瀬川周辺

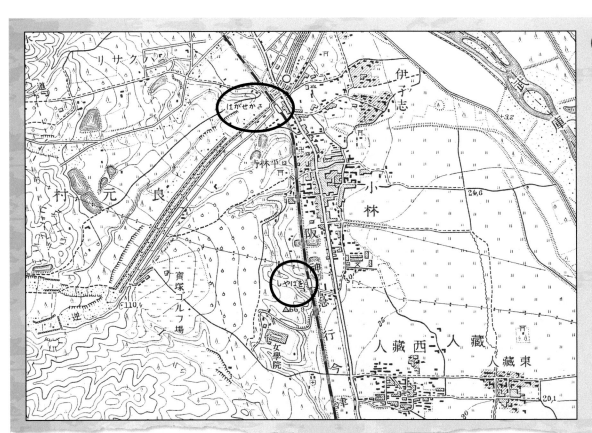

北西に延びる阪急今津線には、小林、逆瀬川駅の2駅が置かれている。逆瀬川駅付近には、駅名の由来となった逆瀬川の流れがあり、その南側に名門ゴルフコース、宝塚ゴルフ場（倶楽部）が存在している。この付近は当時、武庫郡良元村で、昭和29年に宝塚町と合併して、宝塚市の一部となっている。小林駅の南西に見える女学院は、現在の小林聖心女子学院高校である。この学校は、住吉にあった住吉聖心女子学院が大正15年にこの地に移転して名称を改めた学校で、建築家、アントニン・レーモンド設計の校舎本館は、国の登録有形文化財となっている。

さかせがわ
逆瀬川

逆瀬川：開業年▶大正10（1921）年9月2日　所在地▶兵庫県宝塚市逆瀬川2－1－17　ホーム▶2面2線（地上駅／橋上駅）　乗降人数▶27,364人　キロ程▶1.8km（宝塚起点）

逆瀬川駅は宝塚市役所の最寄り駅。昭和61年に橋上駅舎が完成
逆瀬川の上流には、名門ゴルフコースの宝塚ゴルフ倶楽部などが存在

　現在は宝塚市役所の最寄り駅となっているのが逆瀬川駅である。この宝塚市役所（庁舎）は、昭和55（1980）年に建築家、村野藤吾の設計により完成したもので、地上6階、地下1階の鉄骨・鉄筋コンクリート造りである。

　逆瀬川駅の開業は、大正10（1921）年9月。駅の構造は相対式ホーム2面2線の地上駅で、昭和61年9月に宝塚市による駅前再開発事業により橋上駅舎が完成した。西口と東口にはそれぞれバス停があり、阪急バスが乗り入れている。

　駅の北側には、駅名の由来となった逆瀬川が流れている。逆瀬川は、武庫川支流の二級河川で、上流には宝塚ゴルフ倶楽部、西宮カントリー倶楽部、社家郷山キャンプ場などが存在する。また、現在では県立宝塚高校、宝塚西高校が開校している。このうち、宝塚高校は昭和38年の創立で、関西などで活躍するタレントを輩出している。

　宝塚ゴルフ倶楽部は大正15年、宝塚ホテル内に開設された「宝塚倶楽部」のゴルフ部をルーツとする関西有数のゴルフ場である。昭和3年に宝塚カンツリー倶楽部となり、昭和20年に宝塚ゴルフ倶楽部となった。時代を経ても、関西を代表する名門ゴルフ場として有名な存在である。

昭和44年（1969）

逆瀬川駅に入線してくる810系普通電車。戦後登場した800系の後継機として19m級の電車として登場している。また登場時は2扉であったが、昭和40年代の改造で3扉化され支線運用に就くようになった。門戸厄神から宝塚までは、朝のみ梅田行き準急が走るのでホームが長い。

撮影：岩堀春夫

今津線▶逆瀬川

平成3年(1991)

逆瀬川駅北側の逆瀬川橋梁を渡る5200系。阪急電車の初期の冷房車として登場した5200系は、主に神戸線で活躍していたが、末期は6連となって今津線で活躍した。最末期に一部で4連化が行われ、今津線以外での支線で使用されたこともあった。

撮影:岩堀春夫

平成3年(1991)

逆瀬川駅の駅舎風景。逆瀬川は駅の西側から流れてくる川で、駅の東側で武庫川と合流している。駅は川の西側にあって、かつて地上駅であったが、昭和61年に橋上駅化されて現在の姿になった。

撮影:岩堀春夫

昭和44年(1969)

逆瀬川駅付近を走る920系4連の普通電車。逆瀬川に近いところに駅があることからこの駅名が付けられている。今津線内ではこの付近が鉄道写真等の「撮影場所」であった。

撮影:岩堀春夫

<small>たからづかみなみぐち</small>

宝塚南口

宝塚南口：開業年▶大正10（1921）年9月2日　所在地▶兵庫県宝塚市梅野町1-48　ホーム▶2面2線（高架駅）　乗降人数▶5,358人　キロ程▶0.9km（宝塚起点）

武庫川の南、宝塚のもうひとつの玄関口。大正10年9月に開業 湯治客で賑った宝塚温泉、クラシック・ホテルの宝塚ホテルがある

　宝塚市は武庫川を挟んで南北に分かれており、その間を宝塚大橋と宝来橋が結んでいる。南部の玄関口は宝塚南口駅であり、大正10（1921）年9月、西宝線の開通時に開業した。宝塚南口駅と宝塚駅との距離は、0.9キロメートルとなっている。

　宝塚南口駅の駅前（西側）には、宝塚ホテルがあるが、以前は武庫川の右（南）岸には、宝塚温泉の旅館が立ち並んでいた。この温泉は鎌倉時代の開湯ともいわれるが、現在の温泉が開湯したのは明治17（1884）年頃であり、明治30年の阪鶴鉄道の開通で、湯治客が多数訪れるようになった。対岸（左岸）に、宝塚新温泉が開業するのは、明治44年のことである。宝塚ホテルがオープンするのは、大正15年であり、その後に阪急グループのホテルとなっている。

　現在の宝塚南口駅は、相対式ホーム2面2線を有する高架駅であるが、昭和46（1971）年までは地上駅であった。現在は改札口が2階、ホームは3階に設置されている。駅の東側には複合商業施設「サンビオラ」が建ち、宝塚市立国際・文化センターなどが入居している。また、駅の北西の紅葉ガ丘には、昭和42年に創立された甲子園大学のキャンパスが存在する。

昭和44年（1969）

宝塚南口駅の旧形態の情景。ちょうど武庫川橋梁の架け替え工事中の姿で、この区間は仮線を設ける余裕がなかったので、単線運転にして片方ずつ工事を進めた。鉄橋の架け替え工事とともに宝塚南口駅の高架工事も同時に行われた。

撮影：岩堀春夫

今津線 ▼ 宝塚南口

宝塚南口付近と武庫川橋梁の改良工事で単線化されている頃の宝塚南口～宝塚付近の工事風景。宝塚駅高架時は、今津線は宝塚駅～宝塚南口間が休止されて改良工事が行われたが、この当時は単線化して工事が進められた。

宝塚南口～宝塚間を走る810系普通電車。昭和40年代の写真ではあるがまだ2扉時代で登場時の姿をよく残している時期であった。鉄橋はこの頃に架け替えが行われ従来の高さより高い位置に架け替えられた。

宝塚南口駅の駅前に建つ宝塚ホテルは大正15年に創業した。設計は阪神間モダニズムを代表する建築家の古塚正治。

のんびりと武庫川の橋梁を渡る1両の電車。その向こうには、新たな名所になりつつあった、阪急の宝塚新温泉の諸施設が見える。

たからづか
宝塚

宝塚：開業年▶明治43（1910）年3月10日　　所在地▶兵庫県宝塚市栄町2-3-1　　ホーム▶2面4線（高架駅）　　乗降人数▶50,301人　　キロ程▶0.0km（宝塚起点）

今津線と宝塚線の終着駅である宝塚駅。JR福知山線の宝塚駅と連絡
宝塚の名を世界的に有名にした、宝塚大劇場と手塚治虫記念館

　武庫川を渡り、国道176号、JR福知山線と並走する形になった今津線は、間もなく終着駅の宝塚駅に到着する。この駅は明治43（1910）年3月、箕面有馬電気軌道の時代に、現在の宝塚線の終着駅として開業している。

　大正10（1921）年9月、西宝（現・今津）線が開業し、接続駅となった。現在の駅の構造は、頭端式2面4線のホームをもつ高架駅で、1・2号線を今津線、3・4号線を宝塚線が使用している。平成5（1993）年9月に現在のような高架駅となった。駅前には、ソリオ宝塚、宝塚ワシントンホテル、宝塚阪急（百貨店）などがある。

　一方、JR福知山線の宝塚駅は明治30（1897）年12月、当時の阪鶴鉄道の終着駅として開業した。翌年6月、有馬口（生瀬）駅まで延伸し途中駅となり、明治40年に阪鶴鉄道の国有化により国鉄の駅となった。こちらは単式・島式の2面3線のホームを有する地上駅である。

　今津線が武庫川を渡るとき、すぐ左側に見えてくるのが宝塚大劇場である。海外にも名が知られた宝塚歌劇団の本拠地であり、宝塚バウホール、宝塚音楽学校も存在する。かつては宝塚ファミリーランドもあったが、廃止となり、跡地は再開発されている。また、隣接する形で、平成6（1994）年に開館したアニメ・マンガミュージアム、宝塚市立手塚治虫記念館が存在する。

昭和27年（1952）
宝塚～宝塚南口間にある武庫川橋梁を渡る320系と80系の3連普通電車。320系は宝塚線に投入された15メートル級小型電車で、車輌限界の関係から車体幅も狭い両運転台の電車であった。

撮影：高橋 弘

昭和27年（1952）
撮影：高橋 弘
武庫川橋梁を渡る300系普通電車。現在ではこの区間は高架化されて鉄橋も一段高い位置に架け替えられてしまったが、当時は水面から電車までが近かった。

昭和初期
提供：生田 誠
武庫川に沿って建つ宝塚大劇場（歌劇場）。ここから多くのタカラジェンヌがスターの道を歩みだした。

所蔵：生田誠

開業して間もない頃の阪急の宝塚駅。レトロモダンで立派な駅舎とともに、小さな石を積み上げて造ったホームと電車が見える。

昭和4年（1929）
宝塚南口、宝塚周辺

　宝塚線、今津線の終点駅である阪急の宝塚駅の北西には、国鉄福知山線の宝塚駅が置かれており、連絡駅となっている。この当時、両駅周辺は小浜村であり、昭和26年に宝塚町、昭和29年に宝塚市と変わっている。画面中央やや下、「寶塚」の文字の右に見える「歌劇場」は、宝塚のシンボルともいえる、現在の宝塚大劇場である。その東側には遊園地（宝塚ファミリーランド）が存在したが、現在は手塚治虫記念館などに変わっている。一方、武庫川の南岸には、宝塚温泉が存在し、宝塚南口駅が玄関口となっていた。また、駅前には宝塚ホテルがある。

昭和38年(1963)

阪急バス、タクシーの乗り場が見える阪急の宝塚駅前。地上駅だった頃の姿であり、現在のような大きな駅舎ではなかった。

昭和44年(1969)

阪急の宝塚駅前にあった福知山線の宝塚駅に到着する気動車列車と大阪方面に向かうDF50の客車列車。国鉄の宝塚駅は当時も特急が停車する駅であった。また駅舎自体は昭和初期に建設された物が平成20年まで使用されていた。

昭和44年(1969)

宝塚駅近くには、阪急電鉄が営業していた遊園地「宝塚ファミリーランド」が平成15年まで営業していた。ファミリーランド内には電車館も併設され阪急電車の歴史を見ることもできた。

右下(南東)には、武庫川の流れを渡る阪急宝塚線と宝塚大橋が見え、阪急線は大きくカーブして宝塚駅方面に向かっている。武庫川沿いに見える大きな建物は、宝塚新温泉、宝塚少女歌劇以来の歴史をもつ宝塚大劇場である。北側にはまだ、農地が多く残っていたが、現在は住宅地に変わっている。

今津線・宝塚線 ▼宝塚

昭和27年(1952)

提供：朝日新聞社

くらくえんぐち
苦楽園口

苦楽園口：開業年▶大正14（1925）年3月8日　所在地▶兵庫県西宮市石刎町1－22　ホーム▶2面2線（地上駅）　乗降人数▶6,797人　キロ程▶0.9km（夙川起点）

西宮七園のうち、最も北に位置する「苦楽園」の玄関口
大正から昭和にかけては、ラジウム温泉のある保養地として賑う

　「苦楽園」は、「甲東園」「甲子園」などとともに「西宮七園」のひとつで、その中では「甲陽園」とともに最も北に位置する。また、西側の市境を越えれば、芦屋市の六麓荘町で、ともに日本有数の高級住宅地に数えられている。

　この苦楽園は明治末期から別荘地として開発が始まり、それを手掛けた中村家の家宝、苦楽瓢（瓢箪）から名付けられた。また、ラジウムを有する温泉が発見され、保養地としても知られるようになった。この温泉は、昭和13（1938）年の阪神大水害で枯渇し、以後は住宅地となっていく。

　夙川の西側に位置する苦楽園口駅は、大正13（1924）年10月、甲陽線の越木岩信号所として開設された歴史をもつ。翌年3月、駅に昇格し、「苦楽園口」の駅名となった。駅の構造は相対式ホーム2面2線を有する地上駅で、両ホームは地下道で結ばれている。

　駅前から西側に存在する苦楽園までは、徒歩で約20分かかるため、バスの便があるほか、芦屋大学、芦屋学園短大などが存在する芦屋市六麓荘町の最寄り駅にもなっている。また、夙川沿いにあるため、駅付近には夙川小学校、北夙川小学校、夙川変電所など夙川を冠した学校や施設も多く存在している。

昭和49年（1974）　苦楽園口を甲陽園方面に走る610系。15m級の車体は支線運用に適していたのか、甲陽線のほかにも伊丹線と今津線でも使用された。甲陽線の中間駅となる苦楽園口駅は離合施設があった。

撮影：岩堀春夫

甲陽線で唯一中間駅となる苦楽園口駅舎。昭和30年代頃は木造の小さな駅であったが、近代化が図られて駅舎も大きくなった。周囲の宅地開発が進み、乗降客数が増えたことも影響している。

甲陽線の大型車輌化は1200系が最初であった。昭和50年代前半は810系の2連で、その後920系並びに800系の3連に増強されたが、920系など小型車が廃車されると19m級の3連化が行われた。

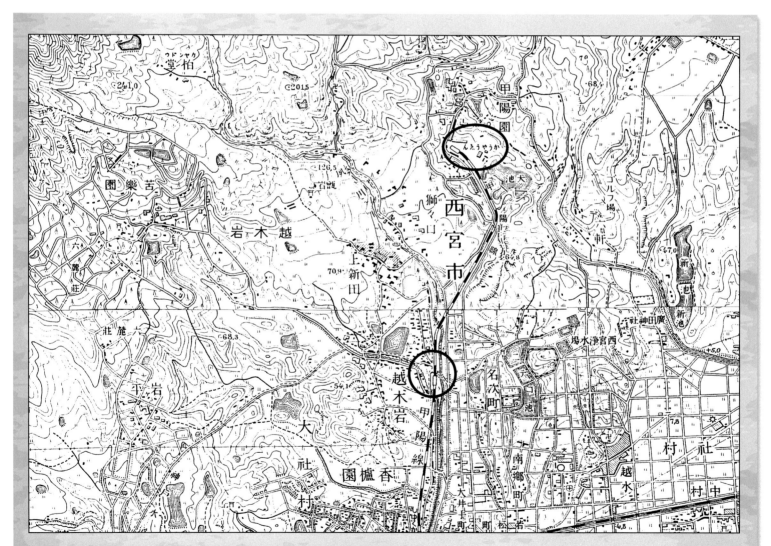

昭和7年(1932) 苦楽園口、甲陽園周辺

夙川駅から北に延びる阪急甲陽線には、苦楽園口、甲陽園駅の2駅が置かれている。この苦楽園、甲陽園は「西宮七園」のひとつで、ともに高級住宅地として知られ、現在は地名(住居表示)にも使われている。この当時は大社村があり、村名の由来となった廣田神社と新池が地図の右(東)側に見える。この大社村は昭和8年に西宮市に編入された。苦楽園口駅の東側にはニテコ池があり、映画「火垂るの墓」に登場する池のモデルの場所とされている。その東北には、西宮浄水場が存在していた。甲陽園駅の南東には大池があり、そのほとりには昭和43年に西宮市立甲陽園小学校が開校している。

こうようえん
甲陽園

甲陽園：開業年▶大正13（1924）年10月1日　所在地▶兵庫県西宮市甲陽園若江町7－19　ホーム▶1面1線（地上駅）　乗降人数▶6,129人　キロ程▶2.2km（夙川起点）

甲陽線の終着駅として大正13年10月に開業した甲陽園駅
甲陽園カルバス温泉、東亜キネマの甲陽撮影所があった歴史を有する

　甲陽園駅は大正13（1924）年10月、夙川～甲陽園間の開業により、甲陽線の終着駅となった。現在の駅は地上駅で、頭端式1面1線のホームが使用されている。以前は2面2線で、平成22（2010）年8月から、現在の構造となっている。なお、甲陽線は平成7（1995）年1月17日の阪神・淡路大震災の発生後は不通となり、3月1日に運行が再開されている。

　駅名の由来となったのは「西宮七園」のひとつ、甲陽園である。大正7（1918）年、本庄京三郎が「甲陽土地」を設立し、住宅地としての開発が始まった。また、温泉が発見され、甲陽園カルバス温泉としても有名になった。この温泉ともに遊園地、料亭などができた甲陽園は、一大観光地としても発展。一時は映画製作会社、東亜キネマの甲陽撮影所も建設され、大いに賑う場所となった。駅の開業時は武庫郡大社村だったが、昭和8（1933）年4月に西宮市に編入されて、その一部となった。

　しかし、こうした施設は間もなく営業を停止し、現在は高級住宅地に変わっている。駅の南側には夙川学園中学校・高校、西側には甲陽学院高校、西宮北高校などの学校も存在している。また、駅の北側の山中では、山陽新幹線が地下を通っている。

終点となる甲陽駅の駅前風景。平成になっても甲陽園の駅舎は昔ながらの木造駅舎のままで使用されていた。また、当駅は学生・生徒の混雑対策として昭和40（1965）年フリーゲート（無人の学生専用出口）が設置された。

撮影：岩堀春夫

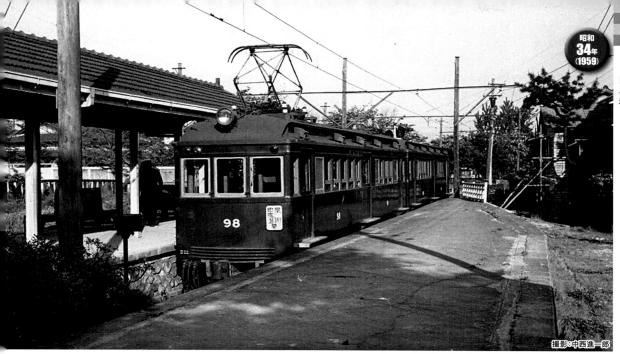

昭和34年(1959)

旧51形電車を改造した98形。2輛編成となり、伊丹線、甲陽線で使用され、昭和35年に廃車となった。

撮影:中西進一郎

甲陽線▶甲陽園

昭和48年(1973)

苦楽園口〜甲陽園間を走る610系普通電車。編成を組んで使えるように、最初から中間車が製造された車輛で、甲陽線などでは3連で使用されていた。前面の窓ガラスがHゴムの支持となっている。

撮影:岩堀春夫

昭和45年(1970)

苦楽園口〜甲陽園間を走る610系普通電車。写真では分かりづらいが、輸送量がそれほど必要なかったようで、パンタグラフの位置からすると610系の2連での運転が行われていた時期のようだ。

撮影:岩堀春夫

生田 誠（いくた まこと）

昭和32年、京都市東山区生まれ。京都市立堀川高等学校卒業。東京大学文学部美術史学専修課程修了。産経新聞大阪本社・東京本社文化部記者などを経て、現在は地域史・絵葉書研究家。絵葉書を中心とした収集・研究を行い、集英社、学研パブリッシング、河出書房新社、彩流社、アルファベータブックス等から著書多数。

【写真提供】
阪急電鉄株式会社
J.WALLY HIGGINS、岩堀春夫、上野又勇、荻原二郎、亀井一男、高橋 弘、中西進一郎
西宮市、朝日新聞社

阪急電鉄神戸線
伊丹線、今津線、甲陽線、神戸高速線
1950〜1990年代の記録

発行日	2016年10月10日　第1刷　※定価はカバーに表示してあります。
著者	生田 誠
発行者	茂山和也
発行所	株式会社アルファベータブックス
	〒102-0072　東京都千代田区飯田橋2-14-5 定谷ビル
	TEL. 03-3239-1850　FAX.03-3239-1851
	http://ab-books.hondana.jp/
編集協力	株式会社フォト・パブリッシング
デザイン・DTP	柏倉栄治
印刷・製本	モリモト印刷株式会社

ISBN978-4-86598-817-8 C0026
本書は日本出版著作権協会（JPCA）が委託管理する著作物です。
複写（コピー）・複製、その他著作物の利用については、事前にJPCA（電話 03-3812-9424、e-mail:info@jpca.jp.net）の許諾を得てください。なお、無断でのコピー・スキャン・デジタル化等の複製は著作権法上での例外を除き、著作権法違反となります。